JN045227

大逆転する仕事術

就職、倒産、BSE問題、現在――
倍返しできる人の発想法

吉野家ホールディングス会長
安部修仁
Shuji Abe

プレジデント社

はじめに

執筆中に「新型コロナ」に見舞われ、世界中が一変した。

戦後生まれの私には、これほど世の中が大きく揺らいだことはなかった、初めての体験である。ほとんどの読者もそうに違いない。

この機会に自分と向き合い、新しい自分発見ができた人もいらっしゃると想像するが、新しい発見が前向きであることを祈る。

しかし、これまでに営んできた事業の継続性が危ぶまれたり、これまでひたすら打ち込んできたことからの転換を余儀なくされ、不安にさいなまれたりしている人も少なくないと思う。

いずれにせよ、ここしばらくは転換の時代を歩くことになる。

新しい社会との向き合い方。受け止め方。取り組み方。

それらを吉（プラス）とするか凶（マイナス）とするか、全ては「自らに帰すること」、それは古今東西、変わらぬ普遍的原理と確信する。

心の持ち方や処方箋については、哲学的な教えがあるし、宗教的教えもある。

が、私は吉野家の重要な歴史を共有できたことで、多くの深い教えを学んだ。

どうすれば人は豊かな心で満たされるか、充実した恵みを授かることができるかを教えられた。

置かれた状況や、取り組むテーマや、関わる人々等あらゆる設定は違っていても、本質はまったく同じであった。

振り返り、ハードワークであったが故の感動。

逃げないで、全力発揮した故の成長。

人のために尽くした結果の充実感。

思えばなんと濃密で幸福な時間を過ごせたのだろうと、関わった全ての人々に感謝である。

この普遍的原理行動や、心の持ち方は、この時代であるからこそ、今まさに闘っている人々は（それが真っ当なことであれば）必ず報われることを。

今躊躇している人は思い切ること、覚悟を決めて動くこと。それらが自らの心を豊かにすること、すなわち幸せになれることを保証する。

そのことを、異なる状況や時代背景の中で起こったさまざまな事例を通して紹介し、懸命に生きることの素晴らしさ、どんな環境であれ生を授かったことへの感謝等をたった一人でも感じて、今後に役立てられ、自らの未来を少しでも明るくしていただけたら、こんなにうれしいことはない。

二〇二〇年一〇月吉日

安部　修仁

目次

第2章　仕事と人生

第3章　人と成長

II 組織について

第4章 組織と成長

第5章 これからの日本企業へ

第6章　コロナ禍の外食経営者へ

I 生き方の中の仕事について

第1章　逆転の仕事術

成功は電車の網棚の上に

「成功はゴミ箱の中に」というのは、マクドナルドの創業者レイ・クロックの自伝のタイトルですが、僕の場合、成功のきっかけは〝電車の網棚の上〟にありました。

僕は高校を卒業すると福岡からプロのミュージシャンになるために上京しました。プロダクションの審査に合格し、プロとして活動しはじめたのですが、なにせ東京にはすご腕がたくさんいます。

「この世界にはとんでもないやつがいて、到底俺はギターの才能ではかなわない」と、ちょっとした挫折感を味わっていました。

しかも、プロダクションではなかなか望むような曲の演奏ができなかったので、フリーへと転進したものの、そうなると自分たちで仕事を取ってこなければいけません。バンマスだった僕は仕事が取れないとメンバーのみんなに給料が払えない。一度目は福岡の母に頼んでお金を工面してもらいましたが、二度目はさすがに頼めない。

そこで、バンドを解散し、アルバイトを掛け持ちして、

「稼いでから再起しよう」

と、バイトに専念することにしたのです。

そんなとき、たまたま電車の網棚の上に置いてあった『アルバイトニュース』をめくり、その中で一番時給が高かったところで働くことになりました。それが吉野家です。

それから約四三年。

吉野家ひと筋でアルバイトから社長にまで到達したわけですが、バンドで挫折し、偶然、電車の網棚から取って立ち読みした『アルバイトニュース』という情報誌で、一番お給料がいいからという理由で選んだことがきっかけで、組織のトップまでいくことができたのです。

成功のきっかけはどこにあるかわからないものです。

逆境の経営者

僕はよく逆境という言葉とセットでマスコミに取り上げられたりします。

それは、吉野家に入ってから、倒産を経験したこと、ＢＳＥ問題で牛丼なしの吉野家を経営したこと、そして、熾烈な価格競争を仕掛けられたことの三つの大きな試練があってそれを乗り越えたからだと思います。

どれも、サラリーマン人生で一度でも経験すれば十分というような出来事だけど、それらを経験してなお、吉野家を唯一無二の会社とファンの方に思っていただくことができたからかもしれません。

それにはもちろん、実質的な吉野家の創業社長である松田瑞穂さん（以下オヤジと敬慕の念を込めて呼ばせていただく）が創り上げた組織と〈商品、サービス価値〉の素晴らしさがあってこそなんですが、その話は折に触れて語らせていただくこととして。

倒産する、そのとき僕は……

若い人はご存じないかもしれませんが、吉野家は一度倒産しています。僕が三〇歳、吉野家に入って八年目のときです（吉野家の倒産前後の一部始終と再建の道については、それだけで十分一冊の本になるくらいで、実際に『ドキュメント 吉野家再建』（吉田朗著、柴田書店）という書籍がありますので、興味がある方はそちらをご参照ください）。

「会社が倒産するかもしれない」

ここらへんの事情はかなり複雑なのですが、とにかく倒産前夜には、泥舟から我先に逃げようとするがごとく、辞めようとする人が続出します。

僕自身もそれまで営業本部長だったのが店長に三段階の降格。すでに妻も子供もいたし、それより何より、一連のごたごたに疲れ果て、早く片をつけて辞めたいとさえ思っていました。

でも、オヤジに諭され、とりあえず「我慢します」と約束したこともあり、「辞めるならいつでも辞められる。だから、吉野家がどこへ行き着くのかこの目で見てやろう」という気持ちで目の前の役割を果たすことにしました。

でも、仲間や部下はそうはいかない。

「安部さん、もう耐えられません。辞めたい」

という相談が連日のように続きました。お店でそんな話はできないので、アジトを作り、夜仕事が終わった後に相談にのっていました。

「今でも働いている人数はギリギリだ。だから、もし俺たちが一斉に辞めたら、吉野家はつぶれる。そうなったら俺たちはどこで働くにしても吉野家をつぶした当事者になってしまうぞ。それより、〝最後の最後まで役割を全うした〟というほうが、次の就職先の信頼にもなる」

「とりあえず落ち着くまでここに残って一緒にがんばろう」

そう声をかけていました。

先輩の上垣さんには、「僕が辞めたら吉野家の灯が消えてしまいます」と大げさなことも言っていたようです（僕の記憶にはないんですが）。

でも、人材育成に愛情と情熱を注いだオヤジ。僕自身もそこで育ててもらって、その恩に報いるためにも、とりあえず目の前のことに一生懸命取り組みました。それしかなかったと言ってもいいかもしれません。

振り返ると、このとき、僕のリーダーシップが一番養われたのではないかと思います。

倒産で得たもの、それは信頼という財産

とはいえ、倒産しそうなとき、あるいは再建の初動のときというのは、一生懸命やろうとサボっていようと、どちらでも大差はない。ありていに言うと見返りなんかは期待できないから、だったらサボっていたっていいじゃないかと、そう思いがちです。

評価というのは、本来人事と報酬に跳ね返っていくもので、たとえば、がんばったらがんばった分だけボーナスが出るとか、そういうことが期待できるからみんながんばるわけで、そうじゃなければこんなことやってられるか、サボったってかまわないじゃないかと。

それにもっと根本的なところで言えば、次のこと、身分の保証のことを考えたりもするでしょう。当然、今月給料が出ないかもしれないいなんて言っていると、独り者はいいかもしれないけど、家族を養っている人はなかなか不安は拭えないし、それどころじゃないと。

でも、そういうときに力を発揮できるかどうかが、その人の信頼性を測るモノサシになります。会社や上司は評価しないけれど、仲間や部下はそういうときこそよく見ているのです。

「あの人はね、いいときはそれなりにやるけれど、見返りが期待できないときはてんで怠惰に逃げていたな」とか。

そして、それが、「いざ！」ってときに、その人を支えるか、助けてあげたいと思えるかどうかに表れたり、あるいは誰かに聞かれたときに、「あの人は信頼できるけど、あの人はどうかな？」という言葉になってくる。

じゃあ、結局、何が大事かというと、どんなときであろうと、役割を果たすこと。一生懸命に自分に与えられた役割は環境・状況にかかわらず全うすることです。

それが本当に大事なんです。

たとえば、特に吉野家のような店でのあり方なんかは一番象徴的で、吉野家はヘビーユーザーが多い。お客様が今日なんで吉野家を選ぶかといったら、それはこれまで使いまわした吉野家の味とかサービスとかへの信頼の蓄積が今日の吉野家に足を運ぶことにつながっている。

ということは、吉野家に入る時点でいつもの味、いつものサービスを（意識はしていなくても）期待しているということなんです。

だから、そのかぎりで言うと、会社が成長していようといなかろうと、業績がよかろうと悪かろうと、さらに言えば来週つぶれそうかどうかなんていうことだって関係ない。

昨日までの吉野家と同じ吉野家であること。それただ一つです。

だとすると、そのお店、そしてお店のスタッフの使命・役割は、お客様の期待を裏切らない、期待に応えるということで、それを徹底して全うしなければいけない。

そして、店がその役割を発揮するためには、本部はそのサポート機能を負っているから、徹底して店をサポートする。

僕は、店長としてお店を運営し、仲間や部下を鼓舞する立場として、声をかける。

とりあえず目の前のことを一生懸命やることしか当時はできなかったのですが、結果として、それが最善だったということが、後になって分かりました。

というのも、会社更生法が適用されて、いざ再建するということになったとき、先輩の上垣さんがまっさきに管財人の先生に僕を本部に呼び戻すように言ってくれたのです。

「再建には彼が欠かせない。店のことが分かっていて、とにかくリーダーシップがあって、人望がある」

そう話してくださっていたようです。

そういった仲間たちが、後々、僕を社長にして支えてくれたんです。

ウィズコロナの生き方

今、世界は新型コロナウイルスによるさまざまな地球規模でのダメージを受けています。そのため、イレギュラーな日常を過ごさざるを得なくなっているんじゃないかと思います。こういった制限された日常は、新型感染症への対策が整って、安全性が人々の安心に変わるところまでいかないとなかなか変わらないでしょう。

そんな中で、みんな口を開くと、世の中は変わったから、今までとは違うんだ、観念を変えて新しいことに取り組まなきゃいけないんだと言っています。

それは確かなことですが「変わらなければならない」との強迫観念で、闇雲に変えることは挫折の元です。「誰のために、何のために」何をどうするかの意思を明快に創ることが先決です。

僕は、こういうときに「対応と適応」という言葉をよく引き合いに出します。僕が使っているのは二〇年以上三省堂の国語辞典というやつですが、辞書をひくと非常に示唆に富んだ定義が解説されています。

対応は「相手や状況に応じて物事をすること」と記述されています。つまり、変化の主体はほかにあって、それに自らの意思とは別に反応しなければいけない。

たとえば、我々の分野で言うと、接客。ほかの作業を接客係がやっているとしても、会計であれ、あるいは注文であれ、お客様から要請があった場合は、今やっていることをおいて、そちらを優先し即応しなければいけない。これが対応です。

一方の適応は、「生物が外界の変化に合うように変化すること」と定義されていて、これは変わる本質は自らの意思。つまり、外界、外側の変化の要素（質量）を測り、それに応じた期間と変化の想定に合わせて、自らが変わっていくという進化のメカニズムを説いています。

今この環境、状況においてあらゆるシーンで分野を問わず、あらゆることが変わらなければいけないと言われています。そのことは真実なんですが、そうするとその言動に支配され、変わらなければいけないという強迫観念で目の前のことを変えていくと、たいていは間違ってしまう。変化が必要とはいえ、そういう変わり方ではよろしくない。

そうではなくて、スピーディーでなくてはいけないけれど、対応すべきことと適応すべきことをきちんと分別して、その時間レンジもテーマも目標も考えて変化をすることが今こそ重要で、そのためにも、まずは役割を認識して、自らの個性や固有のアドバンテージを踏まえてしっかりと取り組んでいただきたい。

自分のことが解ってきたのは五〇過ぎてから

若い人たちはみんな自分の適性とか不適性というのは、好き嫌いで理解しているふしがあります。でも、そんな簡単に本当の自分のことが解るはずがない。

僕だって、だんだん解ってきたのは最近ですから。五〇過ぎるまで自分のことってまるで解ってなかった。

だから、若いやつほど自分が何に向いているかなんてことは誰も解っていない。

本当に解るには、やはり基本的なこと、目の前にあることに全力であたって、役割上の仕事をきっちりとこなすことです。

全力で目の前のことをやっていると、次第にほかの人よりもうまくできることとほかの人ほどうまくできないことが出てくる。それで少しずつ、自分の向き不向きがどういうものなのかというのが解ってくる。

そうして、うまくできるようになったことの中から適性が見つかるし、さらに普遍的な成功の原理原則みたいなものが発見できるように思います。

それが自分の可能性を見つけられる最短の、最大の、唯一の道です。

特に最初の仕事なんていうのは、自分がやりたい仕事ができるわけじゃない。言ってみれば、一見どうでもいいようなことをやらされるに決まっている。でも、そういうことに主体的に全力で取り組んだやつ、根気よく続けたやつが勝者になります。この点に例外はない。

明石家さんまさんだって、最初からテレビに出て売れていたわけじゃなくて、最初はスーパーとかの屋上で、二、三人のお客様を相手に演じていたと思います。落語家になろうと努力をされていたけれども、いくら真剣に取り組んでもうまくいかない下積みの若い時期はあったわけで、そこで、師匠からの声かけもあってタレントになったそうですから。そういった原点での蓄積があって、今がある。

下積みの苦労の蓄積がない一流の人はいません。あふれる情熱と未来の自分への確信が新しい自分を創り続けたのでしょう。

本当はこの世の中にムダな仕事や時間なんてないのですから。

悲観的に予測し、楽観的に未来を見る

事ほどさように、目の前のこと、与えられた役割ということに全力で取り組んでいくことが大事なわけですが、特に今のような近未来さえも見えないというときには、それ以外にやれることがない。

とにかく目の前の役割に取り組んでいくうちに、スピーディーに状況の変化に即応していくという反射神経が培われ、一方で、未来のビジョンに向けて年月をかけて自らを進化させていく「適応力」が養われていきます。

その中で、今回のようなアクシデントやら自分らの手が及ばないトラブル、そういうものについては希望的観測をしないこと。

まずは、悲観的に考えて備えていくことです。最悪の事態を想定して、しかも長期化するという上で、どうすれば命を繋げられるか、生きながらえられるかというディフェンシブなことは、まずもって何より優先しなければいけない。

もう一方で、今はまだその時期ではないのかもしれなくとも、自らの意思が及ぶ未来へのビジョンの策定やら、そのことに向けてのプランニング、着手の時期等のシナリオ作りを始めておかなければいけない。

僕は基本的に実に楽天的な右脳人間です。現業のマネジメントとは別に「こーゆーことができるとおもしろいだろーなー」とか「これやったらみんなびっくりするだろーなー」とか新しいことをいつも夢想していました。

到底、現状の延長では到達できないという姿形を据えて、そこにどういう道筋で辿り着くかをイメージし、「いつまでに、誰が、どのように」を肉付けしていけば、いわゆる「ロードマップ」が出来上がるわけで、特別難しいことでもありません。

「何をしたいか」の意思を明快にすること。最初はそれに尽きます。

ビジョンというものは、今は現実には必要なくても、未来のためにはそうしなければいけないということで、それに対してはある種のわくわく感をも持って、楽観的に発想し、取り組んでいく。

それが、結果的に意義のある新しい何か、変えていくべき方向性に繋がるのです。

情熱に勝るものはない

業態開発あるいは新商品開発において、マーケティングコンサルにありがちないわゆるマーケットイン発想の論理的アプローチは美しいものの、僕の知るかぎりほとんど成功事例を見ない。

もちろんそれは論理的には正しい。マーケット、市場が求めるものを探り、作り出して供給するというのが論理としては正しいのだけれど、そればっかりを学術的にやっていくと、美しい組み立ての提案はできるものの、現実の成果には繋がりません。企画自己満足に陥り、実践的でなく軌道に乗らないことが多いのです。

実際、僕自身専門家を集め、そこにコピーライターやらクリエイターやらも集めて、どの商品がいいか、どういうコンセプトの業態、店の作り、サービスの仕方がいいかなんてことで研究し、組み立てて、実験するということをいっぱいやってきました。

でも、それで残ったものはあるかな？　と考えると、うちではない。ほかのところでもほとんど聞かないですね。

それよりも、最終的に成立するのは、作り手の「これを届けたい」、「これを作りたい」という、情熱、熱量。思い込みの強さ。達成するまで諦めない執念といったことが結果的に成立し、継続の成功を導く。勝つまでやるから勝つのです。

たとえば、うちで言えば、商品開発部長の父親が高齢者施設に入られた後、「吉野家の牛丼を食べたい。施設のみんなにも食べさせたい」とおっしゃっていたそうです。

しかし、一方では高齢者の死因として特に多いのが誤嚥性肺炎。標準的な牛丼では喉につかえて食べさせられなかった。でも、食べたい、食べたいという強い思いになんとしても応えたかった。そこで彼をチーフとしたチームで二年がかりの開発をし、花開いた。これは全国の施設に広がりました。そういう身につまされた強い願望があるから、さまざまなハザードを越えて成立するのです。

インターウォーズという、新規ビジネスを企業内起業で生み出すための塾を営む会社があり、そこにはさまざまな会社の企業内起業を志向する多くの開発担当者が集っています。そこの吉井社長とは旧知の仲ですが、彼はコト・モノを創り出す有効な原動力として「不の解消」という概念がキーワードと言っています。

つまり、身近で自分が実感する不、たとえば「不便」、「不都合」、「不安」といったものの解消というのは、もともと、今も昔も、近未来だって同じようにあるはずです。加えてウィズコロナ、アフターコロナで新たに発生する「不」はそれぞれの分野で急激に発生し、拡大しているはずです。取り除くコト、創り出して提供するモノ、さまざまな発想・着眼は普遍的なテーマになり得るということです。

人生にムダなことは何一つない

話を戻すと、現況のコロナ禍は未曾有の窮状には違いありません。しかし、厳しいと言ったって、いつかは解決する。

特にこういう見通しがないときは、結果的に徒労に終わることもある。でも、徒労に終わったことだって、全力でそこに取り組んでいったことには必ず学ぶものもある。何かに派生していくこともある。

ありていに言うと、これはムダだったということも学びです。

まわりから見ればムダと言われるかもしれない。

でも、ムダではなかったんだと。

発明や新発見なんていうのは（理学系の人たちは理解されますが）九九九回の空振りを重ねた上で、一つに遭遇するというようなものです。

いきなりその一つに行き当たるわけがない。彼らはそれを一番よく解っています。

さんざっぱら仮説検証をやって、これはこういう理由でダメだったということの連続と蓄積が、次のこれだったらうまくいくんじゃないかという仮説と成功へいつか繋がる。

途中で断念することも多いけれど、世の中は。それだってコケの一念で通していると、何かの拍子にジャンプしてポンと発見があったりね。発明者たちはみんなそう言います。

僕たちのような外食の業界だって同じで、五年以上残っている会社は一五％程度と言われていて、一〇年以上、三〇年以上って言ったらもう希少動物。

目に見えるものは成功したものとして残っている。でもその裏には文字通りごまんと失敗の屍の蓄積がある。それは、残っている姿形がないから、全部成功しているように錯覚されるけれど、実はそうじゃないんだと。

業界の中では、すかいらーくが新規、新しい取り組みを一番成功させているという評価をされていますが、創業経営者である茅野亮さんや横川竟さんに言わせると「現状否定と既存破壊の連続の上にある」そうです。

僕らからすると、やることなすことうまく軌道に乗せてきたというふうにしか見えていなかったけど、実際に聞いてみると
「冗談じゃないですよ、安部さん。数え切れない失敗、累々とした屍の上にひと握りの成功が残っているだけ」

とおっしゃる。

「そりゃ何割かは間違っているのもあるでしょうが……」と言ったら

「とんでもない。何割かしか残っていないというやつですよ」と。

業界の中で成功者と言われているところでさえそうなんです。失敗したものというのはやっぱり姿形が残っていないし、あまり言いたがらないから歴史にもそういうのは出てこない。

そういう意味では、失敗があるから成功があるのであって、失敗も決してムダではなかったということです。

吉野家の強さの秘密

何をするかと考えたときに、表層的なはやりすたりでコロコロ変えていっても、本当のバリューは創れません（長続きしない・ほかが簡単にマネできる）。

吉野家の牛丼というのは、端的に言うと

1. 創る価値：誰に（用途と動機）何を（商品価値／サービス価値）
2. 焦点を定める：何が喜ばれるか（突出したオリジナリティ／突出したサービスポイント）

その概念から「商品価値」創りは、飽きのこない毎日でも食べたくなる〝後味〟を徹底して追求して完成したものです。

そして、「サービス価値」創りは、さまざまあるサービス要素の中から「クイックサービス」を最優先に据え、一位優先にしたかぎりはスピードの極限への挑戦を続け、完成しました。

そういった点で「吉野家の牛丼」というのはオヤジが創り上げた一つの発明品であり芸術作品のようなものです。

非常に特殊に、牛丼作りの経験則に沿って細かい一つずつが、「こうでなければいけない、なぜならば……」と決められています。一般的に見るとそこまでというようなディテールに大きなこだわりがある。

これはもともとは料理人ではないオヤジが「毎日食べても飽きない」ということのために、たとえばタレの構成成分の一つずつをその生産地と生産者を訪ね歩きながら極限の味を決めていったものです。

単に、うまいということは当たり前として、「後味がいいおいしさ」ということを作るための素材の組み合わせはどういうものか。それも仮説を立てて検証を重ねて。

この味を出したいと言ったら、この素材とこの素材とこのソースを絡めたらこうなるんじゃなかろうかと、言ってみればイマジネーションの仮説を立てて、いろいろ試して実験しては、それに一番有効な組み立てを探していったのです。

そのうちあるときに偶発的に発見するということの繰り返しをやらないと行き着かないもので、それはものすごい手間と時間がかかるわけです。

それにより完成した吉野家の牛丼は、部分的にパーツを替えて新しくするといった代物ではありません。

強いて変えたことがあるのは、肉を熟成にするとか、成分をより自然なものにするといったマイナーチェンジなので、基本、味は変えない方針です。

一つずつにこれでなければいけないということへの尋常ではない探求をやって、その上で、一五秒で満席でも提供できるという速さの極限的追求をも実現したものです。

一つずつものすごい試行錯誤を経て掘り下げて、さらに各々のディテールを整合性をもって調えていかないと、スピーディーなアクション、流れるようなチームフォーメーションとして成立しないのです。

これは、一五秒を目標に作ったというより、極限を極めていった結果の限界点だったろうと思います。

凝り性のオヤジがもう一分一秒を惜しみながらやり続けて一〇年かけた。さらにはそれができる組織と人材を育て上げた。

これが吉野家の何ものにも代えがたいバリューのエッセンスです。だからこそ、倒産であれ、ＢＳＥで牛丼が販売できなくなったときであれ、さらには熾烈な価格競争を経験してなお、結果的にファンのみなさまに支持していただけているのではないかと考えています。

そこからみなさんにメッセージできることがあるとすれば、「あなたの事業（あるいは店、仕事）は何が顧客にできるサービスですか＝顧客（マーケット）が期待し求めるサービス要素を三つ挙げて、その点で、顧客の求めるコト・モノとあなたが提供できるコト・モノと優先順位を含めて一致していますか？」ということです。

変化がチャンスを生み、チャンスは挑戦で完結する

今、厳しさで心情的にみんな沈んで暗くなりがちかもしれません。

僕は社長になったときに三つのCをメッセージしました。ちょうど、キャッチフレーズばやりで、外食産業も、きつい、汚い、危険の３Ｋと呼ばれていたので、それを払拭するためにもいいキャッチフレーズをと思っての「３Ｃ」です。

Change, Chance, Challenge の三つのCということで、世の中の変化は足元の要素がまず変わっていく。そのことが生活様式とか生活観念とか常識を変えていくのだけれど、そういうものが大きく変われば変わるほど、そこにチャンスが生まれる。そのチャンスに何を課題に据えてチャレンジするかという意味で、チェンジはチャンスを生み、そのチャンスは、チャレンジをもって享受するということで、この三つのCを掲げました。

まだコロナ禍のショックをしっかり受け止めていない人も多いかもしれないけど、ショックの大きさというのは、人間を変えていく非常に大きなきっかけになるものです。

僕は自らを振り返り、本気のスイッチが入るきっかけは、①恥をかいたときと、②アタマにきたときと、③ショックを受けたときで、そういうときにサボっていた自分に気づきます。

だから、今回のコロナで大きなショックを受けているやつほど、それをしっかりと本気で受け止めることができれば、大きな変化のチャンスであるとも言えます。

たとえ、結果がうまくいかなかったとしたって、本気で取り組んだ充実感、成果を生めなかった悔しさ、「なぜだろう」という疑問と好奇心、さまざまな経験が自分の中に残るはずです。

それこそが成長です。

ぜひ、こんな時代だからこそチャンスと捉えて、変化していくべき方向性を見定め、覚悟を持って全身で取り組んでもらいたい。挑戦してもらいたい。
それこそが逆境を味方につける仕事術です。

コラム❶

"ミスター牛丼"安部修仁とは

本書を制作するにあたり、何人かの方に「安部修仁とはどんな人か」うかがいました。そこでお話いただいた内容をこぼれ話として少しご紹介します。

安部修仁さんが社員として入った吉野家で、先輩として活躍されていた上垣清澄さん。若いときの安部さんについてうかがうと「とにかくリーダーシップがあって、兄貴分だった」とのこと。

そのため倒産直後、再建に取り組む吉野家で、管財人の今井健夫先生から「現場をまとめていかなきゃいけない。誰かいい人はいないか」という声に対して、「それは安部くんしかいないでしょう」、そう推した。

上垣さんは、倒産時、本部側のフィールドで中心の一人として活躍していたが、

「再建の過程でいずれ生え抜きの連中の中で誰かが社長になるとすれば、安部か幸島だろう（本文八五ページに出てくる、安部氏のライバル）と。それ以外の人間はちょっと考えられませんでしたから」

と言うほど、当時から安部さんのリーダーシップは抜きん出ていたそうだ。

一方で、安部さんのとても気さくでフランクな性格も当時からまったく変わっておらず、公式の場では〝安部会長〟というように呼んでいるけれど、そうでないときには〝安部ちゃん〟とか〝修ちゃん〟と呼ばせてもらっているという。


倒産直前、一時ダイエーから吉野家の人材の引き抜きの話があり、特に有望だとダイエー側が判断した五人に声がかかった。上垣さんも安部さんも、そこに名前が挙がっていたが、上垣さんは間に入って話しをすることになり、一人ずつ声をかけてまわった。

みんなが吉野家に残るという中でも安部さんは
「上垣さん、僕が抜けたら吉野家の灯が消えちゃうと思うんで僕は残ってがんばります」

と言われたことが、上垣さんの印象に強く残ったという。

その後、上垣さんも吉野家を離れるつもりはなかったものの、誰もダイエーに行かない

のも今後問題になるだろうとのことで、上垣さんは吉野家を離れる。

「修ちゃん、がんばれよ」

その想いで、ずっと安部氏と吉野家を見続けてきた。

「彼は、その言葉どおり、ずっとがんばってきたんです。ミスター牛丼と呼ばれるほどになったんですから」

と、言う一方で、

「でも、外部は『牛丼＝安部』というように思っているけれども、やはり修ちゃんは松田瑞穂氏のＤＮＡをどう残すか、継承するかということばかりを強く思っているんじゃないでしょうか」

とも。

若い時分の苦しいときを共にしたからこそ通じ合える心が、そこにはあるのかもしれない。

コラム❷

信頼に足るぶれなさ

『フードビズ』の代表取締役の神山さんと取締役の野本さんは、安部さんがまだ現場にいたころからの付き合いだ。

ちょうど、外食のチェーンストア展開が隆盛を誇りはじめた昭和四〇年代、五〇年代、『月刊食堂』の編集部にいた神山さんと野本さんは、「バリバリ働いている現役の人たちにフォーカスして取材をしよう」ということになった。

そこで、「なら、安部だよ」と吉野家から紹介されたのが最初の出会いだったという。安部さんがようやく店長になったころだ。

その最初の出会いのときから、神山さんと安部さんは非常に気があったという。

吉野家が倒産するというとき、一般マスコミは一斉に実質的な創業経営者の松田瑞穂叩き、吉野家叩きを行った。「単品だからいけない」、「急速出店が間違っていた」、「スピード優先で腹を満たすだけの味気なさがいけない」などなど。

そんな中、唯一吉野家を支持したのが、『月刊食堂』の神山さんと野本さんだった。松田・安部派の旗印として、安部さんを中心に結束しているメンバーのルポを掲載するなど、世論全体の流れを変えるきっかけを作った。

「そのときに、安部さんに信頼されたと思う」

以来、ますます仲がよくなった。

そんな神山さんと野本さんから見ると、やはり、再建の過程で管財人の増岡章三先生を本気にさせた安部さんとその周囲の人間のまじめさが、その後の復活の要因ではないかという。

増岡先生は、当初は「なんだ、牛丼屋か。〝ヨシノケ〟なんて、知らねえよ」という状態だったが、「俺が守る。安部をリーダーとして吉野家を再建しよう」と、見事奇跡的な再建を果たした。

戦略的に再建を組み立てる増岡先生と、地べたを這うようにして現場をまわり店長たちを鼓舞していった今井先生。彼らを惚れ込ませた「空中分解するかもしれないけど、どうせなら最後まで見届けようや」という安部さんの覚悟と、そこに集まった店長たち。

その安部さんの求心力・人間力が吉野家の灯が消えなかった原点ではないかという。

そんな安部さんを、神山さんは「ぶれない人」と言う。

「危機になったとき人間の差って出るじゃないですか。そこを僕は何度か見てますよね。われわれだったらバタバタしてすぐぶん投げちゃうんだけど、彼は淡々とひょうひょうとぶれずに前を進む」

決して、興奮して檄を飛ばすとか、苦しいからといってそれを表に出すこともない。また、相手が新入社員だろうが店長だろうがその上だろうが、人によって態度を変えるようなところも一切ない。

それどころか、取材相手と取材する人間という立場にもかかわらず、それ以上の人間的な温かささえ感じ、虜にさせられる。

現場で戦う安部さんを外から見続けた神山さんと野本さんだからこその熱さを感じた。

第2章 仕事と人生

お金に惹かれてスタートしたサラリーマン

吉野家をアルバイトで選んだ理由は時給が高かったからですが、時給が高いということは仕事が厳しいだろうということはある程度覚悟はしていました。

配属された吉野家新橋店は走っているんじゃ遅いからというので、タイル張りの床に水を撒いて、スケートのように滑って店内を動きまわるという感じで、動きが悪い人はアルバイトでもやっていけないくらいです。

僕は高校時代にラグビーをやっていたので、それもかなりハードトレーニングで通っていたバンカラ男子校（!）だったので、長時間、ハードワークということは全然苦にはなりませんでした。

そして始めてから一年半くらいのときに社員になりました。

当時の吉野家では、エデュケーターという人事担当責任者がデキのよいアルバイターに声をかけて、まずは適性試験を受けさせます。

ＩＱと職能適性を見るためのテストなのですが、ＡからＨまでランクがあって、Ｂまでしか採用されないというとても採用基準が高いものでした。それにより数字に強いかどうかを見ており、数字に強いということは論理性が高い。論理性が高いということは、教育投資に対しての習熟というか反応、歩留まりが高いということでそのような基準になっていたそうです（それはもちろん後から知ったことですが）。

僕はエデュケーターから声をかけられたとき、いずれ福岡に帰ろうと思っていたので、社員になるつもりはありませんということで何回か断っていました。

その都度、エデュケーターが口説くときに昼飯につれていってくれるのですが、三回目くらいのときに、「安部君はどのくらいやっているんだ」と聞かれて、「もう一年半やっています」って答えました。

そうしたら、「なんだ、だったら社員になったら半年おきにボーナスが出るんだ。同じことをやって、うちのボーナスはこのくらいの水準で、高ければこれくらいもらえるし、安くてもこれくらいで……」って。

当時は大型店の店長はオヤジから与えられるミッションがあり、それをクリアしたら、夏と冬にボーナスとして一〇〇万円が出ていました。

月給が五、六万のときです（もっとも、対象は創業の築地店と一番店であった新橋店のみでしたが、実在のリアリティが大切なんです。「実際にもらっているやつがいる！」ということだと、その他の店長も気合が違います！）。

そんなこともあり、まだバンドへの未練は多少あったものの、社員となることに決めました。まあ、「そんなにもらえるのか！」といったお金がまたもや理由なのですが。

前近代的なナリをした吉野家の近代性と活力にも魅せられ、いずれ郷里に帰って家業を再興するにしても吉野家での経験は必ず役に立つとの期待がありました。

そうしてサラリーマン人生（吉野家人生）がスタートしました。

人生の転機をつかめ

オヤジの口癖は「一番になれ！」。

とにかく一番になるとお金がもらえました。

社内でも資格試験のようなテストが段階ごとにあって、それも一〇〇点を取ると賞金一万円。採用される改善提案や業務上の研究論文で優秀な作品にも一万円。

一方で、重要なハウスルールやマニュアル違反はペナルティ一万円。

振り返ると、そのことを通して旺盛な向上心と一方ではチェーンストア（以後CSと呼ぶ）組織にとって重要なマストとネバーの徹底した体質を作っていたのだと思います。それは今も吉野家の組織文化として、風土として色濃く残っています。

そういうことで、音楽に未練はちょっと残っていてくすぶるものはありつつも、吉野家に入って仕事をやりだしたら、すぐにマジョリティが仕事と勉強のほうへ移っていきました。

ただ入社してからも、「これでもう二、三年やったら相当学べる。そうしたら福岡に帰ろう」と、まだそのときは思っていました。

オヤジは税金を払うくらいなら人材教育に投資をしたほうがいいという人だったので、月給が五、六万のときに、一回一五、六万もする高いセミナーに毎月通わせてくれていました（誤解のないように補足すると、オヤジは金・ルールには潔癖な人だったので、税金も一％のごまかしもなく納めていました。当然と思われるかもしれませんが、当時の商売をやっている人の中では、極めて異例の清い人でした）。

生産性の概念とそれを高めていくための数字の常識や技術、まったく新しい原材料の調達、流通管理、組織管理などなど。

セオリーとしての座学と、実務を通じての経験上の学びと両建てで、学ぶことが多かったんですが、そういった新しいことが僕も興味もあったし、好きだったからとにかくおもしろかった。

今考えても人生で一番勉強したのはあの時期だったんじゃないかと思います。それまであまり勉強をしたことがなかったんで、それこそ砂に水がしみこむように吸収していきました。

ちょうど二二、二三歳のころです。社員になってまず築地店で研修をし、次に当時最も売り上げの低かった新宿東店の店長、いくつかのタイプの店長を経てからいよいよ一番店の新橋店の店長と、努力しないとお客様が来てくれない店から放っておいてもお客様が次々いらっしゃる店まで。セミナーで学んだことを店舗で実践するという経験をたくさんさせてもらうことができました。

吉野家自体もどんどん成長して、僕がアルバイトを始めたときは四店舗、入社したときは五店舗、それが四年目には五〇店舗と、関東から大阪へと広がっていきました。

そうして次に九州地区本部を立ち上げるという話になったときに、九州なら故郷だし土地勘もあるしということで「やらせてください！」と自分なりに作った計画書を手にオヤジに直訴したのです。

オヤジは僕の意欲を買ってくれたのでしょう。それが通って九州地区本部長になりました。

入社七年目、二八歳のときです。

九州地区本部長となって、ゼネラルマネージャーっていう立場で、言ってみれば経営を経験したのが二八歳だったのです。

ちなみに、オーストリア人の哲学者であり教育者のシュタイナーは、人間は七年周期で変化・成長するとしているそうですが、僕は二一歳入社、二八歳で地区本部長、三五歳で役員に、四二歳で社長になっています。

五六歳のときにはＢＳＥで牛丼販売が停止して、六三歳で吉野家ホールディングスの社長と株式会社吉野家の社長も兼務して最後の改革をやって……というように、これもたまたまかもしれませんが、何かしらやっていました。あくまでも偶然かもしれませんが。

高いやつは安い、安いやつは高い

オヤジは、仕事ができるやつには高い給料を出しても費用対効果で見れば安い、一方できないやつはたとえ給料が安くても結果的に高くつくという思想で、だから、できるやつにはどんどん新しいステージの仕事と給料を与えていきました。

当時の吉野家の給料というのは、ある意味、合理性からするとムダに高かったかもしれません。同業他社よりも一・五倍くらいは高かったと思います。そんなに高い時給にしなくても集められたと思うんですが、それは社員の原資としてのアルバイトを求めて採用していたためで、それもオヤジの戦略でした。

三人採用しようと思ったら三〇人以上応募に来るという中から選択することで、最初の入り口のところで選りすぐりを採れる。

さらに、選りすぐりを入れた上で、今ではそんな言い方ははばかられてとてもできませんが、働きの悪いやつはどんどんクビにしろという感じでした。

これは、能力や熱意が低い人をそのまま置いておくと、組織のレベルだけじゃなくて、活力とかスキルレベルといった全体レベルが落ちる、あるいは一定のままで留まってしまうから、スタッフを常にフローしていかないと、さらに高めていくことはできないということからです。

ちなみに、そのため店長は一つの評価のモノサシとして人材をたくさん回転させているかどうかということも見られていました。

入ってきた初日であっても、動きが悪いとタイムカードを渡して、すぐウラにあったアルバイト専門の人事採用センターというところにタイムカードを持っていかせて、その店はレイオフ。ほかの店にセンターがまわしていって、店長のめがねにかなうというところがあればそこで定着するという感じでした。

絞って入れて、働きのいいのにさらに絞って、その人たちに適性検査を受けさせて、さらにそこの中から本当に一〇%いるかどうかの非常に高いハードルを設けて採用の合否を決める。

だから、ポテンシャルの高い人材を採ることができましたし、そこからさらに高額なセミナーなどを受けさせて、ますます優秀に育て上げていました。

離職率なんてまったく関係ない、動きの悪い層は外して新しい人に替えていく、その流動性がアベレージを上げていくというすごい合理的でラジカルなシステムです。

それまで飲食と言ったら、先輩とか長老とかがいて、「俺について見て盗んで覚えろ」といった徒弟制度や年功序列の世界でしたから、そういった意味でも革新的でした。

非常に開放的で、それはやっぱりオヤジの思想と体質そのままで。

時給も高くて仕事がきついから、つらい人はどんどん辞める、耐えられなくて。でも、耐えられる人にとっては、やればやるほど給料も上がるしとても居心地がいいという職場で、それがすごく僕は肌にあった。

まず大きな声が出せる。「いらっしゃいませ〜」と、オーダーを通すのも大声でやりとりするし、とにかく動かなければいけないから運動能力も高くないといけないし、反射神経も求められる。これも今だったら差別と言われてしまうのですが、そういった運動能力的なこともあって、当時は現場では女性も採用の対象ではありませんでした。

僕はオヤジにやってもらった最大のことは教育だと思っています。座学も実学も、全てやらせていただけた。そういった意味で、人の育成をとても大切にしていました。

それは社内に留まらず、社外の若者であっても期待できると思う人へはポケットマネーで米国に勉強に行かせるとか、とにかく若い有望な人を育てることに使命感を持っていたように思います（復員した戦中派の特殊なメンタリティではないかと思っています）。

ただ、なにせ極端だから、ハードワークやオヤジについていけなくて去った人も多いのも事実。去ったやつはうらみつらみしかないだろうし、オヤジのことを嫌いだと。グレーがなく、もう白か黒、好きか嫌いという人だから。

でも、僕なんかはそのこともハードワークも、本当に気持ちよく、楽しく働くことができました。

細胞を有効に発揮する方法

いまだに思うのは、若いときはハードワークをやったほうがいいんだということ。同じ細胞をより有効に発揮するためには、若いうちのハードワークは大切です。

三〇代のためにも、二〇代のときにはもう徹夜がどうしたこうしたって、体も壊さないんです、若いときは。

オヤジもよく言っていました。

「お前ね、二、三日徹夜したところで若いときは平気なんだ」って。

「オヤジ、二、三日徹夜ですか。僕らはさすがに三日七二時間通しは自信ないな～」とか言っていましたが。

でもオヤジは外地へ行って、陸軍だったから、眠っていたら命が捕られちゃうという状況に若いときは身を置いていたから。それが体感としてあるんですよね。

さらに、三〇代、四〇代と、だんだん無理が利かなくなるということも、もう無理をし続けた自分の体で分かっているわけだからということで、そんなことを言っていました。

僕も九州地区本部長をやっていたときにはつくづく分かりました。起きている間中仕事で、それでも処理できないくらいの質量が重なっていくんです。

とにかく、最初のあいさつまわりから、店舗はもちろん事務所、倉庫の物件探しも交渉も全部自分でやる。人材の確保から教育、店舗を開いた後の問題処理も全部自分です。

そうやって二年半の間に博多に一〇店、小倉に二店、熊本に三店と九州地区に一五店舗を造りました。もちろん中には失敗もたくさんあって、でもこの若いうちに成功も失敗も自己完結で経験できたことは、その後の社長業の原点にもなったので、貴重な体験をさせてもらえました。

それだけのことをやるのだから仕事はほぼ毎日オーバーフローで、でも、オーバーフローするぐらいの質量があるからスピード感を養えるし、もっと言えば感覚的に優先順位を付ける能力と、その場で、その時、その日のうちに仕事は処理するクセが養われた。

だから、総花的に一様に全部なんていうことをやっていると、これは要領が悪く何一つ片付かない。優先順位を付けたら、劣後のものは後回しにして、大事な仕事からスピーディーに処理して片付けていく。その順番はやっぱりその状況に置かれたときに感覚的に養われるわけです。

かといって劣後にしたことでもやらないわけにはいかないから、どこかでやる時間を作るために、スピーディーに今日やれることは今日片付ける、三日かかるものはどうしても三日以内に片付けるというクセを付けていくしかない。

そういった仕事の優先順位と期限を付けた取捨選択は、感覚だから若いときにそういうことを経験することでしか養われない。これが仕事ができるできないの非常に重要なスキルにもなっていくんです。

ある意味夢のないことを言ってしまうと、学ぼうとして費やした時間とエネルギーはそっくりそのまま肥やしになるわけじゃない。ムダもいっぱいあったその中で、やっぱり吸収したり、それが細胞に変わっていくから。

現代人はちょっとやってそれが効果ないと、ああムダなことだったと切り捨てちゃうけれど。ムダもいっぱいないと、本当のところに当たらなかったり、習熟する細胞の醸成にはなっていかないわけです。何より他人の失敗のよし悪しの分別もできない。

だって、食べたものだって栄養になって筋肉にも頭脳にも知恵にもなっていくのは一部で、後はほとんど排泄されるわけだから。

だからもうムダはいけない、全部身にならないとって言ったら、体は変調を来すよね。

働くということについて

社会に出るときは、みんな何かかっこいいことか、すぐ社会や何かにとって価値があることを志向して、憧れでその仕事なり会社なりを選んで入るんだと思います。

でも、最初にやることは地べたを這いずりまわるような非常にドロ臭いことです。しかも繰り返しでおもしろみもない。そこからいくつかのステップを経て何かに作用するというようなものだから、まるで砂浜で穴を掘り続けているような、これが一体何の役に立っているのか、その目的性とゴールのシーンも分かりづらい、そんな作業をすることになります。

「こんなことをするために、俺はこれまで勉強してきたんじゃない」

思わずそう叫びたくなるようなことを、とにかくみんな最初はしなければならない。

でも、働くというのは、そういったベーシックなことが、何か自分の言ってみれば労働価値を高める、基礎的なスキルを高めるための必須の条件で、それを連続的に蓄積し続けたり、あるときそれをプラスに変質させたりすることで、次のステージが見えてくるようになります。

場合によってはそのことの練磨蓄積が技術ということに繫がるかもしれないものです。だから、そこを疎かにすると、発揮できる技術を養えないということにもなりうる。

医者の方とよくお話しすることがあるんですが、彼らも同じことを言っていました。いくら東大医学部を首席で卒業したようなやつだって、インターンで入ってきてすぐには使いものにならない。

やはり症例をたくさん重ねていくことをもって、その患者の病理原因を問診でいろいろ会話しているうちに、たぶん原因はこうだろうということの精度が上がっていく。病理原因を正しく読めるから治療が正しくできるということになるわけです。

だから、いかに経験を豊富に蓄積するかということが重要で、特に若いときには自ら意識してさまざまなことに取り組んでほしいと思います。

プロの定義

僕は、プロの定義というのは、店なんかで言うと、今の現象を見たら二時間前は何をやっていたか分かるし、このままいくと二時間後にどうなるかが分かる、そういった目が経験から養われていることだと言っています。

それを指導するスーパーバイザーになると、今日を見れば先週のことが分かるし、このままいくと来週どうなるかが分かる。

だんだん層が高い位置になるとその時間軸が長くなっていくので、だからプロの定義は「今を見たら過去が見える、未来が読める」ということになる。

先ほど言った医者も同じで、たくさんの症例を重ねることによって、今の病状を見ればこれまでどんな生活をしてきたかが分かるし、このままいけばどうなるかが分かるようになるということです。

これがプロということで、それには実にオペレーショナルで単純で単なる労働というようなことを真剣に取り組み重ねていくことによって、結果養われていくことです。

僕自身も、最初はもちろん厨房の雑用をしました。鍋を洗ったり、掃除をしたり、どんぶりを洗ったり。アルバイトで入った新橋店では、忙しいときは一時間でどんぶり二〇〇杯くらい出ますから、とろとろやっていたんじゃどんぶりが足りなくなってしまいます。

それをどうやったら効率的により速く、キレイに洗えるかなんてことを自分で考えて工夫をしてやっていくようになります。それでようやく少し余裕ができたら、接客をちょっとだけやらせてもらえるとかね。

仕事というのはちゃんとイシュー（課題）があって、あるいは解決すべき問題やらのテーマとそのテーマに伴うさまざまなことがあるというのが仕事。

常にそういう意味では人が存在していて、思考して目標のところにも人が存在していて、それに向かっていくにもチームとしての人が存在していてというようなことで、だから、単純な作業の中にも課題を見つけて自ら取り組むようになってようやく作業が仕事として成立するようになったり、次のステージなりが見えるようになるんです。

量的拡大が質の向上をもたらす

だから、とにかく最初のうちはまったく意味を見出せないような作業でも数をこなす。

量的拡大が質の向上をもたらすと言うんですが、つまり、仕事で言うと、ハードワークしろということです。

時間内でラクラクできることだけを毎日やっていたんじゃ、スピードも成長もない。

たとえば、ふだんは右から左へ動かすのに二秒かかるところをもっと速くと思い一秒になる。それを極限的にということになるとコンマ何秒になる。

だからいい職人さんって、手が速い。うまいすし屋の手さばきは、腕の動きもものすごい速く、ネタの鮮度が保たれる。それは結果的にそのぐらいのスピードでやらないといけないという必然性に駆られたときに、必死にやっていくうちに習慣として身に付くものであって、何の意識もしなければ決してそうはなりません。

厳しい親方の下だと手を速く動かせ、もっと速く動かせ、もっともっとと、最初はそんなことばかり言われます。

それだって同時にいろんな作業もやらないといけないから、その手順、何を先にやって、次は手の動きは左から右に動かすのか、交差させないでやる合理性をどうやって確立するかとかを工夫するようになる。

そういうことも学べるというのは膨大な量を短時間にという要求の下に、そのことが会得できるということなんで、やっぱりハードワークから学ぶことは少なくないということは知っておいてほしいと思います。

ペーパーワークでさえハードワークが必要

ちなみに、以前僕が良品計画の社外取締役をやっていたころ、創業社長の木内さんに教わったことですが、米国の大手流通企業での人事考課上の資格テストで一定期間、出張等で不在間に膨大に溜まったレポートをどう処理するかという実際的状況設定の上で処理能力を観察するという実に実践的資格試験があるそうです。

時間内には処理しきれないレポートの中から、まずどれを選ぶかという優先順位の付け方と、取捨選択する能力、そしてそれに対してどのようなコメントをしたかというような内容で能力を検定する。

もちろん、ある程度のキャリアを積んで、次のステージにステップアップできるかどうかのテストですが、非常に優れた実力テストです。

当然会社の今の方針とか方向性によって優先順位は違ってくるから、リアルタイムの問題と近未来の問題意識を共有していないとそれは正しい答えにならないし、それまでの経験もきちんと積まれていないと、大事なことととそれほど大事でないこととというプライオリティの選択もできないでしょう。

経営幹部になるには、当然そういったことも必要になりますが、それも若いころからのハードワークによって感覚的に身に付けたことしか出せない。

すごいロジカルだなあと感心しました。

もしほかの会社や業態に入社していたとしたら

ただ、きっかけとしては、やっぱり僕は吉野家は給料が高かったから行っただけなので、もしかしたら、ほかにそれよりも高い給料のところがあれば、ほかへ行っていた可能性もあります。

とはいえ、ほかの会社や業態だったら、ぺーぺーのままだったか、九州にいずれ帰ろうと思っていたから、途中で辞めていたか……。

ちょうど外食の黎明期で、まだ産業とも呼ばれていなかったときだから、そういったことのたまたま時代の幸運というのもあったと思います。どこもアーリーステージだったからチャンスはあったと思いますが、それぞれ体質が違うだろうし、そこで僕自身がここまで行けていたかというとやっぱり違うなあと。

じゃあ吉野家でなかったら、満足いくような人生でなかったかというと、そうとも思いません。

よく、成功した人は、人生の大きな分かれ道で、Aという道を選んだからラッキーだったというようなことを言いますが、それは必ずしも正しくはない。

人生にはたくさんの分かれ道があって、大きく言っても五つや六つ、もっと中規模だと二〇～三〇、さらにもっと小さいものを考え合わせれば限りなく岐路があります。

その岐路を考え抜いた結果であったり、人との巡り合わせであったり、偶然の導きなどもあって、あちこち行きながら「今」に繋がっていて、その間のどこか一ヶ所で別の選択をしたら別の道、人生だったということは間違いありません。

失敗者・成功者という言い方をしなければ不幸な人、幸せな人という言い方になるでしょうが、不幸な人は「俺はあのとき左を選んだからこうなってしまった。右さえ選んでおけばよかったのに」と、そういう愚痴をこぼします。

うまくいかないことを他人のせいにしたり、世の中であったり、環境であったり、いずれにせよ、今の自分を努力して変えることをしない。

そういう人は、どこのシーンでどの道を選んでようと、結局愚痴ばかり言う人生を過ごしてしまうでしょう。

一方、うまくいっている人、充実している人というのは、たとえ違った道を選んでしまっていても、その経路の中でさまざまにチャレンジをして、反省し、克服をしながら、進んでいっている。

たとえ世界が違っていても、常に改善向上しながら前向きに生きているから、やはり充実し、幸せでいることができる。

よく単純に気の持ちようというようなことを言いますが、やはり人のせいにしないで自分で克服する、未来を創っていこうと前向きにあがくということの連続は幸せであろうと思うのです。

原点が心の持ち方と足の踏み出し方と行動パターンにおいてハッピーに向いていればそうあることができるのです。

それさえちゃんとしていれば、たとえ今が客観的に見ていい状況に見えなくても、本人はそこから先のことへちゃんと向き合って全力でやっているから、そのかぎりにおいてはまわりが見るほど不幸ではないし、それなりに充実しているものです。

そのことが次のいい循環を生み、さらにそういう連続性が何かを創り上げる。

あのシーン、あの一日がなければ今日に至らないということが人生です。それを不平不満ばっかり言って、俺ができないのはあいつのせい、うまくいかなかったのは世の中のせいって言っているやつは、やっぱりてめえでそうしているんであって。

充実した人は自分で克服しながらそうしてきたからハッピーなんだというようなことは普遍的なことなんです。

僕なんかはもちろん吉野家でなければこうなっていなかったという意味では、本当に幸運ではあるけれど、でもどの選択をしていても克服するということの連続性においては、そう人生の幸せ感に違いはなかったと思う。

そうは言ったって、若いときにそういう話をされたって、なかなかそうは思えなかったけどね。

「言っていることが解らない」と言える強さ

「何を言っているのか、君の話はさっぱり解らない」

これは、倒産後、再建のときに増岡先生にときどき言われた言葉です。

そういうときは、だいたいどこか自分でごまかしがあるときでした。取り繕おうとしたり、またよせばいいのに周辺のことをいろいろと出して、理解させよう、首を縦に振らせようと思って、いっぱいテクニックを駆使しているときです。

そんな僕に対して、増岡先生のこのひと言。

このことから僕は二つのことを学びました。

一つは、自己都合でごまかそうとしたり、矛盾を正当化しようとしても、相手には伝わるということ。

やはりきちんと真っすぐな思いでなければ、一流の人には通じません。

それともう一つ。

それまで、相手に「話が解らない」というようなことは自信のない僕はあまり言ったり使ったりしたことがありませんでした。

ところが、東大法科出身で日弁連の事務総長をやったあの聡明な増岡先生が、「君の言っている話は解らない」と堂々とおっしゃるんです。

「あ、そう言っていいんだ」と。

つまり、説明を聞いているときには人は解ったフリをしたがるけれど、解らないときには「解らない」と言ったほうがいいんだ、解らないっていうリアクション、かっこいいなと思ったんです。この潔さ！

よく英語なんか解らないのに、みんなが笑っているから、別におかしくもないのになんとなく笑っておけと、僕もアメリカに英語の勉強をしに行っていたときにやってしまっていましたが……。つまり、解ったふりをするクセが人間ついてしまう。

これは非常によくないことです。

ごまかしているやつに「君の話はさっぱり解らない。解るように説明しろ」っていうのは、ごまかさないでピュアに、そのことにちゃんと忠実に説明しろ、あるいはきちんと向き合って報告しろと言っているんです。

解らないときは、解らないと言ったほうがいい。はっきりと言うことで、そこからお互いの疑問を解消するコミュニケーションになるからです。

自分をよく見せようとしたり、自分の非を隠そうとしたりするときにごまかしが出てきます。ごまかしもスルーしていた自分がいたりしたけど、増岡先生の妥協を許さない、スルーしない姿勢に、肝心なことはスルーしちゃいけないということも学びました（ものによっては聞き流して、スルーしたほうがいいこともありますが）。

ちゃんと肝心なところはばくっと食いついて、解るまでフォーカスをしっかり定めて共有して、じゃあそこからどうするということを考えていかないと、問題を見過ごすことなどに繋がっていってしまいます。

ちょっとの小さな矛盾でも矛盾を放置しないとか、そのことを明らかにしておくとか、厳密にしていくことで、後々の大きな問題の芽をつむことができます。

大雑把にいいや、いいやとしてると、そのことが後で大きな問題の原因になりかねないということがあるから。

そういう意味じゃあ、理工系の人たちの数学的な組み立てと進捗は一分の矛盾とかミスもなくて、ナイス！　と思います。

すごくディテールまで細かく因果関係とか係わり合いということを確認したり、証明したり、認識したりしたくなるということは再建を経て学んだことの大きな一つです。

今は過去。未来のための今に生きろ

オヤジは自社で開発した機密性の高いノウハウもＪＦ（一般社団法人日本フードサービス協会）の同業の経営者仲間には隠さず、何でも教えるんです。

あるとき、たまりかねた商品部長が「せっかく苦労して創り上げた独自の技術をなぜそんなに簡単に開示するんですか？」と尋ねたときのオヤジの言葉が

「いーんだよ。ほかがやりはじめるころにはウチは先に行っててて別のことをやってるんだから。今はもう過去なんだ」

です。
衝撃だったなー。でもカッコイーと思いました。

技術開発についてのオヤジの言葉ですが、僕自身も心の持ち方として本当にそう思っています。

イヤなこととか失敗は忘れて捨てていったほうがいいというのはみんな当然と思うでしょうが、自分がやったいいこと（功績）だって、過去のこととして忘れたほうがいいと思うのです。

よく、過去に立てた手柄をいつまで経っても、「俺はあのときこれだけのことをやったんだ」としがみついている人がいますが、そんなのは邪魔になるだけです。

だいたい、「お前が思っているほど、まわりのやつらはそんなこといつまでも覚えちゃくれない」から。

一方で、すごいヘマをやらかして、本人は「あのとき、俺はあんな失敗をしてしまったから、今でもそういう目で見られてるんだろうな～」なんて思っているかもしれませんが、そんなことだって「お前が思い悩むほど、まわりはいつまでもそんなこと気にしちゃいねえ」。

過去のいいことであれ、悪いことであれ、それを引きずって〝今〟が疎かになることがよくないのです。

それに、過去の業績を〝今〟評価してくれないといって、自己評価と他者からの評価に乖離が生まれてストレスになって出てくることさえあります。

もし、過去に素晴らしい業績を残して〝今〟くすぶっている人と、過去にひどいヘマをやらかしても〝今〟必死にがんばっているやつがいるとしたら、どちらを信頼するか。評価するか。

僕はもちろん後者を信頼して、そいつを評価し起用します。当然です。

だから、〝今〟がんばる。これからの未来のためにね。

いいことも悪いことも、功績もヘマも全部捨てて、今ガンバレ！

克服力

仕事をしていれば、いや、生きていればと言ってもいいですが、必ずアクシデントとかダメージ、悪しき状況というのは、誰にでも平等に訪れます。

常に順風満帆、アクシデントなんか一つも起こらないなんていう人はいない。これは断言できます。

問題にはみんな遭遇する。ただ、その問題をどう対処するか、逃げるか克服するか、たとえ敗れても真正面から向き合うか、そういった心と行動のあり方が、その人のその後の道筋をまったく変えていく。大げさに言うと、一生を決めていくんです。

では、克服力はどうしたら身につくか。

「自分がこの問題を解決する」

という意志を養うこと。そのためには若いうちから、小さい問題と向き合って克服していく積み重ねしかありません。

僕自身のことで言えば、若いときからの積み重ね、それが三〇歳のときの倒産、そして再建を成し得た。その経験があったからその後ＢＳＥで牛丼が販売できなくなったときも、それに立ち向かうことができたと思っています。

ＢＳＥのときは社長という立場だったので、問題の大きさも質量も圧倒的に大きくなっていましたが、それでも克服できると信じ、実際に乗り越えることができました。

それを成し得たのは倒産したときに、会社を辞めたいと思いつつも、目の前の仕事・役割に徹底的に取り組んでいたからです（もちろん、その後もさまざまな問題を克服していったからですが）。

克服する力が備わっていれば、同じ質量のものだったらもうそれはクリアする術も体験も持っているから難なく乗り越えられます。

克服するたびに本当の意味の問題解決のキャリアとスキルも伴ってくるということなので、それを何回かやればさらに大きな問題が出てきても、どうやって克服するかという思いがまず強く湧き上がります。

一方、問題が起きたとき、向き合うことをせず対応しないまま逃げていると、いつまで経っても自立できない悪循環のループに陥り、問題解決の喜びや達成感という感動を知らないまま過ごしてしまいます。

「一歩目を踏み出す少しの勇気」を発揮することです。

克服力がない人からすると「そりゃあんた他人事だからそんな簡単に言うけど」ということでしょうが、克服力がついた人から見ると、「そんなこと、思い悩むことじゃねえだろう。こうすりゃいいじゃねえか」と実につまらないことのように感じるものです。

これぱっかりは経験していかなければ分からないでしょう。

では、克服すべき事柄とはどんなものかというと、自分が何らかのストレスを感じるようなことです。向き合ったときの最初の第一勘は「やりたくないな〜」、「逃げたいな〜」というイヤ〜な気がします。

思うだけだったり、先送りならいいけれど、それをやらないまま逃げてしまうことを繰り返していると、やっぱり不遇な未来になっていく。

大げさに言うと、その人が持っている一生の時間の過ごし方としては、幸福感が小さいものになってしまう。

ちゃんと受け止めて正面から向き合って、そこに能動的に取り組んでいくと、必ず道が開けていく。

だから、どうせ問題から逃れられないのですから、成功も失敗もひっくるめて、能動的に踏み込んで、たくさん経験することが、人生としての豊かさ、大きな幸福感、大きな充実感ということに繋がるんじゃないかと思います。

人生を充実させるために

一方で、克服力云々の前に新世代の連中はしらけているのが多いなんてことを聞きますが、その出発点はまずは僕らの世代の責任が大きい。

僕たちの世代（一九五〇年前後の生まれ）は、人口が多く競争も激しかったのでけっこうがんばり屋が多くて、戦後の復興を牽引した親の世代の物質的な豊かさの追求で欲しいものもいろいろあるし、がんばることで次々に手に入って、生活が少しずつ豊かになる＝心も満たされるという実態を見て感じて、がんばり競争をやっていました。

「がんばれば報われる」ということがつまり原体験の中、もう細胞に植え付けられている。ところがバブルがはじけた後、一生懸命勉強してようやくいい学校に入って、いい会社に入って、ものすごく努力してきたことが、バブルの崩壊と共にリストラの中で報われないという現実に遭遇した。

同時にそのときに、家庭の中で、愚痴が多くなった。

お母さんがお父さんの悪口を子どもに言ったり、仕事から帰ってきた父親も「やったってしょうがねえんだよ」、「どうせムダなんだ」というような愚痴を言ったり。

そういうことが家庭内で繰り返されていると、情操教育上重要な時期にネガティブ思考がインプットされていくから、「ああ、やったってダメなんだ」、「ムダなんだ、世の中」、「努力するってダッセー」なんていうことを植え付けられてしまった。

だから、社会に出たってしらけてしまって、「一生懸命やろう」という軸ができていない。

そういったことが残念ながら多かったのではないかと思っています。

もちろん家庭教育が大事ではあるけれども、そこでうまいこととやる気を植え込むことができなかった人をどう人格形成していくかということは、会社にとっても大問題で、昔以上に後天的にもがんばらないといけないという状況があります。

だから先輩とか上司は人間が豊かに生きるためには、幸せになるためには、というようなことを切り口に伝えられるもの、メッセージできるものを養わないといけない。

それには、やっぱりいっぱいチャレンジをして、失敗も多かったり、でも成功も多いということの質量が充実感を覚えさせ、それがハッピーに生きたということに言い換えられるんだと体感として教えてあげる。

仕事や一生懸命何かにチャレンジすることにおもしろみを感じない人でも、おもしろみを感じられるかもしれないという精神の醸成をこちらで作って、チャレンジさせて、達成感を覚えさせる。

そいつにとってはそれまで覚えたことのない感動、喜びであったり、汗水たらすことはカッコ悪いと思ってた、汗水たらしたっていいことはないと思っていた、でもこんなに心地いいんだという思いを持たせることです。

それを次には「じゃあ、自分で考えてこういうことをやってみよう」ということに繋げていく。仕事を通じて。

そして自らの意思と行動によってそれを作っていくことができるようになったとき、本当に充実し、「後輩にも部下にも教えてあげたい」という豊かなループが作っていけたらうれしいことですね。

それが、自分が生きた時間の中の人生の充実感、同じ細胞を持って生まれてきて、五〇年か八〇年か分からないけど、その時間を充実させたということがハッピーに生きたということに言い換えられるということを伝えたいと思います。

第3章　人と成長

人との出会いにもムダはない

「厳しいことばかり言われて、やらされて、とにかく早くこいつの元から離れたい」、そんな鬼軍曹と言われるような上司のほうが、後で振り返ると学んだことが多かったりします。

嫌なことばかりやらされたという経験が後で活きるということも多いものです。

物腰やわらかで、もの分かりのいい上司についていると、はたから見ると恵まれているなあと思うかもしれませんが、実は、結果的にはその部下の持っているポテンシャルの活かし方としては実り薄いというようなこともあります。

感情的にはそっちのほうが楽でしょう。

でもある意味理不尽かもしれないくらいに厳しい上司、その最中にあってはイヤでイヤでしょうがない、私はもう不幸だと思うくらいの上司の下だったからこそ、自分は成長できた、そういうことのほうがよくある話です。

反面教師として、自らを成長させるということもできます。

父親といつもバトルばかりしていて、だんだんと離れていった。ところがある時期から少しずつ父親の気持ちが分かったりして、ということもあります。

ときにはバトルをして「絶対にこいつだけは許せない」と思うような相手とも、あるときに分かり合えたりします。

全ての経験にムダがないのと同じで、全ての人との出会いにもムダはない、僕はそう思います。

師と呼べる人の存在があるか

時給が高いという理由で入ったところがオヤジみたいな人の下だったというのは、偶然のラッキーというほかありませんが、それだって、よさを感じ取らないと何の意味も持たないままだったでしょう。

もちろんオヤジに共感できなかったり、合わなかったりという人もいます。どんな個性でも正と負は併せ持っているから、光強ければ陰は濃いということで、つらい部分もいっぱいありました。

創業者でワンマン、何をやるにもほとんど理由を言わずに、結論だけ。

「すぐに反応しろ！　うだうだ言っていないで、すぐに取り組め！」という人なので、そのスピード感も半端ない。ハードワークだから、耐えられなくて辞めたやつも多いし、離職率もあの当時のほうが高かったでしょう。

反対に、そこにおもしろみを感じたり、自分が燃焼できたりというやつらは、モチベーションが非常に高い。

二〇代、三〇代のころの僕にとってはオヤジの夢は非常に共感できるもので、その実現に向けてある役割を自分は負って、それに全力発揮しているということも誇りでしたし、自分がその中で成長しているという実感もあって、ハードワークは楽しいときでした。

それに、オヤジの指示はその場の気分や思いつきで理不尽なことを言うのではなく、裏にはオヤジ流の理屈がきちんとあって、それが解ったときには人をうならせるような深みもありました。

オヤジは決して「お前よくやっているな」なんて面と向かって褒めることはないし「がんばれ」という言葉の激励など一度もない。

ただ、激しい報酬の与え方と人事異動（昇進）で表現されていました。

それに対して「なぜですか?」なんて聞きにこられることも嫌がり「示したとおりだ」と。

実にガンコおやじの典型で、口で褒めてもらうなんてことは期待できない。

それでも寝食を忘れてすごいハードワークをして、起きている間中仕事をしているというそのボリュームで、得がたい能力を養ってもらったと今でも思っています。

そこを見過ごして通り過ぎていった人のほうが多い中で、僕は巡り合えた幸運をかみしめています。

ただ、いい人と巡り合う、よくない人と巡り合うという確率も、同じように幸運・不運はその都度あって、他人は幸運に見えて自分は不幸だと思いがちですが、でもおしなべていくと、ラッキーとアンラッキーの出会いの確率は一緒です。いい人に巡り合うこともあれば、とんでもない人に巡り合うということもあるから、栄養吸収は自分の消化力にかかっています。

対極だからこそ新しい視点がある

もう一人の大切な師が倒産後の管財人として会社の再建を担ってくださった増岡先生です。

増岡先生は特に議論や意見を非常に尊重してくださいました。

創業経営というのは発想したことと手段が同時に出てくるから、常に即断即決。オヤジがその典型です。

一方の増岡先生は管財人なので、何をするにしても実にじっくりと検討してから。石橋を叩きすぎて壊すんじゃないかと思うほど、安全性重視で慎重。決めなきゃいけない期限がくるまで決めないのです。決めないかわりに、ほかの選択肢を求めてくる。

先生の前であろうと、大声で「本当はどうすべきなのか」といった議論をし、先生はそれに偏見を持たずに耳を傾けてくれていました。

いくつかの比較論で、このテーマ、イシューからすると、どの選択が今は合理的で有効で経済的かということが決断ということだったから、あらゆる選択肢を出した上でなければ選択＝決断をしないということです。

増岡先生の教えによって、僕も決定ということの定義が変わりました（さまざまな手段が選択肢として存在している中で、最も有効かつ合理的な一つを選ぶことが決定）。重要な問題ほど、期限がくるまで決めなくても不都合がないということも学びました。

それ以来、いろんなシミュレーションもするし、モノによっては店や工場、物流センターで実験もするし、実験をやっても仮説どおりいかないことが多いから、その間試行錯誤もするし、最初に目論んだ結果をいかに作るかというのは過程を経ないとそこへ至らないから、最初の発想というのはほとんどそのとおりにいかないということも学びました。

倒産というのは、企業にとってもそこで働く人にとってもこれほど絶望的なシチュエーションはありません。これまでの成長一辺倒から安全性一辺倒に変わって、しかもその事業目的は債務の返済。世の中でどこよりも希望のない会社です。

それでも自らモチベーションのネタを作り、組織のみんなでそこに向かおうと思えば向かえる、再起できるんだ、未来のために今をみんなで耐えるんだということは増岡先生の下で再建を果たしたことから学べたことです。

このときの増岡先生の教え（再建の自信）があったから、ＢＳＥのときも社員全員で一致団結して立ち向かうことができたのです。

師の全てを受け入れ、エッセンスを積み重ねる

オヤジと増岡先生。ある意味、対極の二人の師匠です。「創業の急成長」と「安全性最優先の再建」という真逆の状況もありましたし、キャラとしてもまったく違うスタイルです。

対極のようなお二人だけれど、やっぱり共通して底流に流れているのは人間愛というか、人に対する本当の思い。

表層ではなく、本質を見極める眼。

僕はわりとそのまま表現として出したりしますが、この二人はほとんど表現しない。非常に深いものは持ちつつも、直接的な表現が苦手な人たちでした。

でも、人を大切にする魂は必要不可欠で、これは僕自身が後継者を選ぶときにも第一の条件に挙げています。

たくさんのことを学ばせていただきましたが、さまざま違う体験・経験を豊富に積み重ねていく中で、全部が残るわけじゃなく、その中のエッセンスだけ僕の中に重なっています。

じゃあ、そのエッセンスをどうつかみ取るかっていうのは当人次第。自分が望んだことじゃないけれど状況がそうしていった中で僕自身もそのことを学びました。

斜に構える自分を見つけたら

更生に入った当初はもう疲れ果てて辞めるつもりだったから、増岡先生にも同じく管財人としていらした今井先生に対してもまったく斜に構えていました。

再建に手を貸すとまた抜き差しならなくなって辞めにくくなるから、存在感のない状態でいよう、ただ引き止めていたやつらもいるから、もうちょっと落ち着いて軌道に乗るところまではやろう、そんな気持ちの状態でした。

斜に構えているときって、だいたいもう否定のコミュニケーションなんです。「どうせ弁護士に再建なんてできるわけないだろう」という感じです。

なにせ、それまで吉野家イコールオヤジ、オヤジイコール吉野家だったので、ほかの人がやるからといってそれに付き従う気持ちも、盛り上げようという動機もない。

だから、「とにかくこのセールが終わるまで」ということでいろいろ議論しているときにも、あれやってほしい、これやってほしいという指示に「できません。なぜならば……」とできない理屈を並べる。いろいろな勉強をしていたので、それはもう論理的に理屈をまくしたてる。

するると、先生方から「じゃあ、どうすりゃできるんだ」、「できるやり方を考えてみてくれ」と言われて初めてハッとして我に返りました。

「これまで自分が忌み嫌ってたヤツのパターンじゃん！　俺がヤなヤツになってる！」

それから前向きに肯定的な視点に立っていろいろと考えるようになれました。

変わりました。

後々今井先生がおっしゃるには、上垣さんから再建には欠かせないと言われ、初めて僕に会ったときには「小柄で貧相な、この男が？」というような感想を持たれたそうです。ただ、「いざ持ち場につけるとがむしゃらに働く」と。

斜に構えていたときの自分と、プラス思考に転じた後の自分だったのかもしれません。だから、一旦ギアチェンジすると、負のエネルギーやら自分の中の負の視点・ロジックがプラスに転換する。そうすると、プラスにマインドが転換して、いろんなことが見えてくるようになります。やるべきことなどもどんどん出てきて、一気に加速していきます。

ただ、こういった全て受け入れようという自分の性分が、ある意味、後年、自分にとって負担を請け負うところで出てしまったことがあります。西武の傘下だったとき、ダンキンドーナツの株式会社D＆Cと合弁した後、ダンキンの業績が振るわない中、事業本部長が替わるという話になって、「ダンキン誰がやるんだ」となったことがあります。誰も手を挙げないから反射的に自然に手が挙がってしまって、またこれ悪い癖が出ちゃったよと。

でも、どうせ生きるなら、やっぱり前向きに充実感を持って生きていきたいものですね。

立体的に見る力を養う

僕には、セゾンの方々に〝二卵性双生児〟と言われた幸島武という相棒がいました。ライバルであり、キャラも、どっちかっていうと思想もまるで逆。僕が右って言うと、あいつは左だし、僕が是と言えばあいつは否というように常に真っ向からぶつかるのです。同時期にアルバイトを新橋店でやって、ほとんど入社も同じ同期、生い立ちも似たようなところがあり、双子だけどまったくキャラが違うということで、二卵性双生児ということだったのでしょう。

朝会という当時の社長杉本さんを中心に僕と幸島が両隣、ほかに役員や部長たちと全部で二〇名ほど参加する毎朝のミーティングがありましたが、最初は社長を中心にいろんなテーマをみんなで議論しているのですが、途中から僕と幸島の議論になる。それも、ほとんどほかのやつが意見を差し挟むスキがないくらいのディベートで、時間が許せば延々としているといったような有様でした。

幸島いわく「常に一八〇度違う問題提起をし続けるのが存在意義だと思っていた」ということで、それでバランスができていました。

その彼が途中で親会社であるセゾングループ内の西洋フードシステムズの社長へ転出してからは、僕は意識して自分の中にアンチテーゼを作るようになりました。彼がいたときは二人で議論することで客観性が保たれていたことが、そのバランスが崩れたので自分の中で討論、議論するようにしたのです。

自分の意見と論理だけで終始するというのは、立体感が薄くなるというか少なくなる。それではまったくほかの意見を取り入れる余地がなくなってしまうので、そうやって、思考と決定に立体感を持たせるようにしました。

そのおかげか、行政やら政界にも、特にBSEのときなんかも、立場は逆だったけど、その後友達になったなんていうのはけっこうあります。たとえ思想は違っても、志があるやつとは認め合えるからです。

ぜひ職位が上にいくにつれて、そういった感性も磨いていってほしいと思います。

生意気もまたよし

吉野家というのは議論を尊重する、生意気をよしとする文化です。

だから、議論はとても白熱するし、そのときには上司だとか年上なんて関係ない。それぞれの主張のロジックを戦わせているだけで、人格は別です。意見が違うときも、しっかりと「私はこう思うと言うように」としています。ただし、感情ではなくロジカルに、です。

また、解らないことは「解らない」、「なぜですか」と聞くことをよしとします。

普通、日本の会社では、「なぜ」を三回も続けて上司に言うと「お前、失礼だ、生意気だ」とか、「そんなことごちゃごちゃ言うな、めんどくさいやつ」というようなことになりますが、吉野家では、解るまで聞くことをよしとしています。

上司にとって部下へのコミュニケーションというのは疑問を解いてあげることです。疑問を放っておくと不満に変わる。だから、疑問を放置させない。疑問を解いてやることも上司の務めです。しかしどこまでいっても見解が異なるときは上司の判断を結論とするということも組織の鉄則です。

組織図というのは業務的な機能体を表す図面というふうにだけ思いがちですが、加えてあれは決定のシステムを表してあるものです。この部門の長はこれで、その部門の部下はこれでということで、その中の決定権者の順位が示されているのです。

なので、その部門の中でのテーマはもちろん是々非々の議論はやるけれども、最後に決めるべき立場の人が決めたらそれに従って、それを成立させるためにどうするか、一つのファンクションとして行動しなさい、ということはもう染み付いています。ワンチームの精神ですね。

したがって、生意気なヤツは多いのですが、そうやって育ってきたやつらが今幹部となっていますので、これからも真剣な生意気印の若者をよしと認めてくれるでしょう。

チーム力の真実――頼らない、頼らせない

チームワークなんていうのは、人間的な仲良し、助け合い精神の道徳観と考えがちです。

が、本来は、チームでの目標と達成期限を共有したら、後は個々が全力で自分の守備範囲は独力でやることで、チームとしての活力や成果が生まれて結果的に支え合っているというものです。

これは日本のCS産業の父とも言える渥美俊一先生の表現を借りると、次のような教えになります。

たとえばプロ野球の守備体系は内野ゴロを打たれたらキャッチャーは必ず一塁のベースカバーに走る。それがリスクヘッジの行為としての役割と約束事で、精神的に助け合おうという道徳観とは別次元の概念なんですね。キャッチャーはファーストがミスするかもしれない、あるいは暴投があるかもしれないということに備えて、一塁のベースカバーに走っていかなければならない。内野ゴロに対して、そこまでがキャッチャーの守備範囲、仕事ということで、それを独力で完全にやることでチームワークが成立するとおっしゃっています。

つまり渥美先生のチームワークの定義は、実に逆説的で「助け合わないこと」というのです。

だから、誰かがヘマをして、そこを勝手な善意でカバーしたりすると負の連鎖が全体に広がり、パフォーマンスを損なう。したがって助け合わないこととしているのです。

つまり、独力で完全にできることがちゃんと約束事としてあって、それに集中してむやみにほかを手助けしない、それがチームプレーとして成立しているということです。そうすると個々のスキルも高めなければいけないし、そのことのチームフォーメーションも高めていくような訓練を重ねて、できることを発揮するという非常に高度な技術が必要ということになります。

表面的仲良しグループとは次元が違うものなんですね。

他者批判はヒマな証拠

ということから、チームで高い目標を共有して、その期限設定も可及的速やかなスケジュールをロードマップにして共有したら、今度は個々の役割としてそれをブレイクダウンし、個々のロードマップを策定し、達成へ向けて活動することがチャレンジであり、個もチームも達成へ向けての活動が活力を生み、余計なことを考えるヒマがなくなる。

全力で自身の仕事に没頭していれば余計なことは考える余裕などはないはずだ、とこれがオヤジの考えです。

なので、できない説明とやらない説明に対しては、オヤジはそのことに直接問答をしないで、「お前、ヒマなんだ」というひと言で片付けていたのです。

言い訳や他人の悪口といったことには一切耳も傾けませんでした。

この言葉、とても使い勝手がよく、しばしば言う機会が僕にもあります。

感情をコントロールする方法

ストレスを溜めないということと、不安を解消する術。

これが養えたのはだいぶ後からです。

どうするかというと、まずは自分の不安の正体を突き止めるということが一番。

「俺は何を不安に思っているか」、「何が不安なのか」を突き詰めていく。

要するに、その不安の正体が自分で分からないから不安のままでいるんです。

だから、「不安だな」と感じたら、何が不安なのか一度考えてみる。そうすると、案外大したことないものです。

ただ、不安のやっかいなところは、一つのときは大したことでないのだけれど、二つ、三つと重なっていくと、足し算じゃなくて掛け算で増幅していくんです。

だから、一つずつ、感じている不安の実態というか正体は何なのかということを突き詰めます。突き止めれば、そのことに対する覚悟ができます。

別の言い方をすると、その最大リスクを認識します。最悪どうなるということを現実的に認識できたら、最悪行ったところで、そこまでだと。

そうすれば、そこまで行ったところで、そこからやりなおせばいいということも思えるし、そこまで行かないために、何をどうするかということの知恵も出てきます。

ということが、不安の正体を突き止めるということで、これはある意味覚悟を決めろってことです。覚悟を決めたら楽になるということです。

それから、もう一つ、感情を一定に保つのに大事なことはストレスを溜めないこと。

ストレスって、そのストレスのテーマの質量×時間なんです。

だから、たとえば、会いたくない人に会わないで先送りしていると、その先送りの時間が、掛け算でストレスを増幅し、倍々でストレスが溜まってくる。

やりたくない仕事はつい先送りしがちだけれど、これも着手するまで掛け算でストレスが増幅していくので、先送りすればするほど、大きなストレスになる。

なので、会いたくない人には先に会う、やりたくない仕事を先に片付ける。

そうすれば、ストレスは溜まらないし、引きずらないし、しかもはかどるしで、効能がたくさんあります。

たとえば、店舗物件の契約交渉過程ではよくある事例なのですが、担当者は功を焦って先走り、肝心なポイントを曖昧にしたまま、甘い条項で妥結したがります（私自身、若い頃はそうした苦い失敗もあります）。

相手がプロであればある程、軽い先走り約束の既成事実を重ねながら心理的に追い込んできます。

彼らに有利な条件に導こうと駆け引きしてきます。

そこに対抗する術は

①こちらが主張する経済条件や付帯条件のバックグラウンドを豊富に勉強しておき、こちらの言い分が正当だと合理的説得に努めること。

②こちらの設定条件で成立しなければ断念すると達観しておくこと（私は「話をつぶす覚悟で臨め！」と自身にも、担当者にも言ってきました）。

本論に戻すと、覚悟を決めるとはそういうことです。

最悪の覚悟をしたら、どうってことはないのです。こちらから踏み込めば通じるのです。逃げたり先送りするからうまくいかないし、その間、思い悩んでしまいます。

「命までは取られない！　死にゃーしない！」

それがつまり感情のコントロールということにもなるわけで、いつも解放的で前向きにいられるコツです。

別のことで言うと、考えてもしょうがないことは考えない。

無意味なことは考えない。

意義のあることだけを考える。

人と自分を比較しない。

うらやむべき他人と今の自分を比較等していると憂鬱になったりするのは、それはより豊かな人と比較してるから。比較対照するものはいくらだってあって、キリはないし、それは大きかったり優れていたりするから。そうすると、だんだん自分がつまらない人に思えてきたりしていく。

反対に人のことを考えていると（人のために何かをしてあげようと考えているとき）豊かになるっていうのは、人のためのことでどうしようかと考えているときは豊かな気分だから。だから人のことを考えていると豊かになって、自分のことを考えていると貧しくなるということです。

ある年代とか、ある状況ということで、くよくよ考えやすいタイプの人もいるけれども、それは考えてもしょうがないことは考えないということを決めるしかありません。

僕なんかは、一晩眠ると忘れてしまうタイプで……。そういう能天気で忘れっぽいという気質に作ってくれた両親には感謝しています。

部下のやる気の起こし方

先の章にも言いましたが、新世代にはしらけているやつが多いという声はよく聞きます。やる気のないやつにやる気を起こさせるというのは、会社の中で部下だったらなんとかこいつの魂に火をつけるということを試みてアプローチしなければいけないわけで、そういう意味では着火すれば火がつくという素地はみんな持っていると僕は思います。

それを「俺はなかなかそういうことのチャンスがなかったから」っていうのは、探さなかったから、あるいは眼を凝らして見ていなかったからであって、アンテナはやっぱり鋭敏で高いところに常に張り巡らしていないといけない。

たいていのやつは見過ごしてしまう、でも、それはそいつの問題意識だから、キャッチできる、というものがあるのです。

そういった部下に関係していれば、どう着火するかということの役割を上司は担うし、着火した場合、そのエネルギーが悪いほうへ行くのではなくて、なるべくいいほうに導かれるというような筋道にも関与していかなければいけません。

とはいえ、身の回りの何を触媒にするかということも、最終的には自分で考えたりやったりしていかないといけませんが。

そこへ至るまでに大事なのは、まずは課題を与えること。

上司にとっては簡単と思えるようなことでも、当人にとってはハードルがまだ高い、何をがんばればいいのかが分からない、そういうときはこちらで見つけて設定してあげる。その意義をお互いにすり合わせて、目標水準と期限を決めて課題として与える。

そして達成の喜びを感じてもらったら、次には課題を自ら考えさせる。

そのときにも上司と課題をすり合わせ、疑問があれば討論するなどして、相互理解をした上でまた挑戦させる。達成できたらさらに高いステージを目指す、その繰り返しです。

その達成感が充実感、幸福感となり、いい循環となる。その着火をまずは上司がしてあげてください。

俺には社長なんかできない！

実は、社長になるというとき、最初テンパってしまったんです。

「俺にはできない、社長なんか」

と。

僕が見てきた社長はオヤジであれ、増岡先生であれ、堤さんであれみなさん偉大で、とてもじゃないけど自分なんかにできるわけがないと、そう思いました。

しかも、再建のため、オヤジの手を一九八〇年に離れてから一二年、ようやく念願のプロパーが社長になるということで、吉野家はもとより当時一緒に仕事をしていたダンキンの連中からも期待されて、「プロパーの俺だったらこうする（だから同じプロパーの安部ならこうしてくれるだろう）」という感じで、さまざまなメッセージをもらいました。

それがなおさら、重いものとしてのしかかってきたように感じられたんですが、最後は開き直って、

「俺が自分で望んで、やらせてくれって頼んだわけじゃなし。別に臆することねえや。自分の使命はいつもどおり全力で最善を尽くすこと。やった結果まずいっていうのは選んだやつが悪い！」

と妙な腹のくくり方をしました。自分の役割は関わる全ての人が喜べる状況を作ること。そう思って全力を発揮すること。

一方ではがんばりすぎて気負うと余計なことをやってしまうから、あまり気負わないで自分らしく！　よって、自分に贈ったエールは「臆せず、気負わず」。そう自分に戒めて受けさせていただきました。

そうして、一九九二年の九月、株式会社吉野家ディー・アンド・シーの代表取締役として四二歳で就任しました。

信頼を得る方法

上司からだろうと部下からだろうと同僚からだろうと、人から信頼を得るには、①まず何よりも与えられた役割を徹底的に全力でこなすこと。よいときも悪いときも、一貫して役割を全うする。特に悪しき状況のときのがんばりが信頼に繋がります。

次に、②うそをつかない。言い訳はしない＝誠実であること。

そして、③部下や同僚に向けて言行一致を貫くこと。言っていることとやっていることが違わないこと。

組織であるかぎり、社長から末端まで全ての人が役割を負っています。自分のためにやる仕事など一つもありません。全て誰かのために、何かのためにやることが「仕事」です。事に仕えると書いてるではありませんか。

だから、常に誰のために、何のためにやっているかの認識を持っていなくてはならないのです。

人は失敗すると、第一感、〝他人のせい〟にする。次に〝運が悪かった〟と思います。そこで終わっては進歩がない。その過程を経て次に（最後には）「自分がこう備えておいたら、ああ対応していたら、こういう結果にはならなかった」と自らに原因を帰結させる人が成長への階段を昇るのです。そして、まわりの人からの信頼を獲得する。

人のせいにしたり、言い訳は醜いし、かえって信頼されません。

部下や社員は上の言動をよく見ています。特に急場のとき、非常事態のときにどう反応するか、対応するかにその人の本当の面が出ますから、ふだん立派なことを言っていても、とっさの反応に保身の欲が出て、お客様や社員や部下そっちのけで自分の損得で振る舞った瞬間にみんなは不信に陥り、しらけます。

信頼を築くには長年積み重ねて期間を要しますが、壊れるのは一瞬です。

リーダーシップのあり方

特にリーダーであるなら、利己ではなく、誰のため、何のためということをしっかり認識することが必要です。

フォーザチーム、つまり自分のためということじゃなくて、誰かのためということがはっきりと相手にも実感できるということじゃないと、組織はなかなかまとまらない。だから、誰のため、何のためという、その照準としている対象をはっきりと定め、そのことがちゃんと共有できるコミュニケーションをすると同時に、そこで相手が「ああ、自分の利益追求ではないんだな。私たちのため、みんなのためにがんばってくれているんだな」と、実感してくれるところから組織としての一体感が生まれ、前進します。

だから、常に、誰のために、何のためにという目的性が対象として明快になっていて、そこに自らはないということが相手に実感できないと、つまり自分の立場の欲望、利益、主導でということが感じられてしまうと、それはチームワーキングへの熱が入らないということになってしまいます。

直接対話のコミュニケーションでそれが相手の腑に落ちるまでにし、共感まで高める。

そうすると、自然、部下もチームのために動いてくれます。

まわりの協力を〝得られる〟ことが大切なのであって、決して〝させる〟のではない。

これがリーダーシップではないでしょうか。

君子豹変す――月曜日の変

撤回することを躊躇しない――。

ある意味、これは君子ではないけれど、トップだからこそできることで、「君子豹変す」という言葉もあるように、君子は時に一旦決めたこととは異なるが新たに最善手が見えたとき、あるいは状況が変わったときには勇気をもって豹変するものです。

僕は君子じゃないけど、週末ずっと考え続けた結果、金曜日に左と言ったことも、週末の土日を経て月曜日に「やっぱりあれは左じゃなくて右にする」と、前言を翻すことがたまにありました。

後で知ったことですが、部下たちは、これを「月曜日の変」と呼んでいたようです。

別にそれは自分の欲得じゃなくて、事業価値を高めるため、このテーマに対してはどの選択肢がいいかということが、一度決めたものより、よりよいものが見つかったときには豹変していいんだということです。

豹変することをためらわないというのは、ある種の信頼と自信に基づいていなければできないことです。

一回決めたから、それを変更するのはちょっとはばかられるということで、自信がないときほど一度決めたこと、言ったことに固執してしまい失敗することや傷口を広げてしまうことがよくあります。

特に新人のときなんかは、一回決めちゃったことを覆したり、変えたりというのは、自信がないように見られるとか。

また、たとえ新人でなくても、まだ信頼を得られていないときほど、一回決めたことを覆したり、変えるのをはばかる傾向があります。

つまらない面子に執着しないことです。

訂正に躊躇した失敗も罪ですが、失敗を認めず正当化して継続するのは、もっと大きな罪です。

優れたリーダーとは、非は非として認め、ただちに修正できる人です。これさえできれば、破綻等は起こらない。

でも、残念ながらそれができる人間は少ない。若さというのは自意識過剰というか、自己顕示が強いため、自信のなさも相まってつい自分を正当化しがちです。ですから、失敗を重ねながら、原因を自らに置き換えて学習する、反省する習慣が優れたリーダーを育成するのです。それって人間修練の場なのです。

僕だって人間、そういうことを繰り返しながら一歩ずつ成長させてもらい信用を築いてきました。

それは信用形成の上で大事なことであるんだけど、一方で信頼を獲得するためには小さかろうと大きかろうと、勝ちを続けていく、結果を残すということのほうがより大事です。

そのためには、思い切って前言を撤回する、月曜日の変を起こすことも君子ならば否定しない。それでいいんだと、これはほかのトップマネジメントの人間にも言います。

決めるときにあらゆる可能性と選択肢を考えて、もちろん期限はあるけれど、その期限までにできうるかぎりのシミュレーションをやった上で、決断・選択した。ほかの選択肢もその是非も考えた上で、比較論としてこの結論がより有効であろうという選択をしたということであって、最後は、決めるべき立場のやつが決めた結果であれば、たとえそれがうまくいかなかったとしたって、そのことのシミュレーションの豊富さをもって次の修正や転換も有効に働いていく。

それは、ほかのことを何も考えないで、サイコロを振って丁か半かみたいなことをやっているのとはまるで訳が違う。

だから、豹変しようと、結果失敗しようと、最後にはどちらでもかまわない。ただ、何度修正しても成功するまで、挑戦はし続けろ！

資本は常に安全で有利なほうに流れる

セゾングループからの支援が決まりかけたときのことです。だいぶ業績が上向いてきたので「吉野家は自主再建できる」と考えるようになりました。それで、事業系の会社が親会社になり何かと利益誘導されることがイヤで、ストを起こしてでもなんとか「自主再建」という自分たちの要求を通そうと実力行使の直前まで行ったのです。

本当はそのまま再建を担っていただいた増岡先生と今井先生にやっていただきたかったのですが、彼らの道徳観、倫理観から引き受けていただけない。ならばと、再建が成し遂げられたのだから、もう一度オヤジに復帰してもらいたい、そうも考えていました。

それで、オヤジのところへ相談に行ったら、「バカか、お前」と。三時間近く、みっちりと諭されました。

そのときにオヤジが言ったのが、「資本は常に安全で有利なほうに流れるんだ」という言葉です。

つまり、資本の所有者であるセゾンから、僕たち吉野家プロパーでやったほうが、安全で有利だという実力を示し、他社でやるよりプロパーに任せたほうが事業価値は高まり、この資本はもっと生きるというように思ってもらえればいい。それには実力を示せばいいだけで、資本の所有者がどこだろうと関係ない、そういうことでした。

それで、僕ともう一人一緒に行った同僚とは、もうこんな戦いはやめようと理解はしたのですが、ただ、二・二六事件の青年将校よろしくみんなを焚きつけておいて、あれはやめたと、どう説明するか。ロジック自体はオヤジが言ったことを言えばいいのですが、それを納得してもらうのはとても難儀だろう、そうオヤジのところから帰る道々感じていました。

戻ってからみんなに「ある信頼できる人に直前に相談に行ったらこういうことを言われて……」と切り出し、自分もその意見が正しいと思うと告げました。

すると当然ですが「今さら安部さん、何を言ってんだ」と大騒ぎになりました。そのとき助け舟を出してくれたのが中堅幹部だった上原勝太郎という硬派で熱血漢のひと言でした。

「みんなで安部さんを立てたんだろう。だったら最後まで安部さんについていこうよ。今さらうだうだ言っててんじゃねーよ」

という言葉で、その場は収まり、みんな納得をしてくれたのです。

このことで二つのことを僕は学びました。

一つは、自分たちが、安全で有利なファンクションだ、ちゃんと期待に応えられる、期待を寄せていい相手だというように思ってもらうには、成功を積み上げ、数字に基づいた説明力をもって考えの正当性を認識してもらうということ。いくら信頼しろと言っても、信頼に足る事実やその蓄積がないと、大勢はそうは思ってはくれないということです。

もう一つは、仲間のひと言でみんなが僕についていこうというようになってくれたのは、やはり再建への活動の中で、チームとしての一体感が生まれ、信頼を獲得できていた、相互信頼の関係性ができていたからということが大きいのだということ。

特に倒産という極限的に困ったときに寄り添い、うそをつかず、己の欲のために動いていたわけではないということが、仲間との信頼をより強く築くことができたと本当にありがたく思っています。

コラム❸

メッセージの行間にあるもの

アジアヨシノヤインターナショナルの代表取締役社長を務められている成瀬さん。

成瀬さんも、吉野家のアルバイトから、大学を途中で辞めて社員になり、ステップアップしていった一人だ。

吉野家の中でも、さまざまな新業態や新規事業を担当してきたという成瀬さんは、お話しをうかがっていくと、まさに「なぜですか？」を繰り返してきた方のようだ。

入社後一三年は他の業態にいた成瀬さんは、あるとき安部さんに吉野家に戻してもらうよう直談判をする。

そうして吉野家に戻ってきたものの、二年半でまた異動の話しをされ、

「ずっとほかの業態をやってきて、一三年ぶりに吉野家に帰ってきたら、二年半ぐらいで今度はまた『はなまる』に（社長として）行くんだと安部社長から言われて。なんで僕がはなまるに行くんですか、異動したことないやつ、いっぱいいるじゃないですかって」

そうしてはなまるの社長を経て、現在、アジアヨシノヤインターナショナルの社長として、

一年の大半はマレーシアにいる。

安部さんと共に仕事をしたその二年ちょっとの間に、数多くの「かっこいい安部さん」を見て、ご自身が社長になったときに同じ言葉、同じ態度を取ったことがけっこうあるという。

あるとき、カレーうどんの千吉の社長をしていたということから、安部さんより
「お前、カレー屋だったな。吉野家のカレーをすぐ変えろ」

という命が下る。

新商品を作るには、実験が必要になるが、それには初動のところでかなりのロットの発注をしなければならない。結果失敗すると、大量の在庫が残ってしまう。

商品を開発するほうはスピーディーにどんどん進めたいところだが、会社の数字を見なければいけない経営企画側からすると、大量の在庫が残るというのはよろしくなく、ストップをかけたがる。

そんなとき、安部さんは
「どうせ今に始まったことじゃないだろ。うちの会社は実験が終わって余りましたって、大量に捨てるんだから。そんなもんだよ」

と言うのだという。

それを聞くと、まわりはホッとする。

ただ、そのメッセージの行間を読むと、どこに原因があって、そうならないためにはどうするかをきちんと考えてやれ、同じ失敗はするなということが隠されている。

商品開発しなければいけない、しかし他方では、役割としてブレーキをかけなければいけない。度肝を抜くようなメッセージを投げかけ、両者の気持ちを酌む安部さん。

成瀬さんは、ご自身がはなまるの社長のとき、このやり方を踏襲したという。

「前回の大量在庫も相手先に戻したり、ほかのものに使って処理している。そこまでやっているんだったらいいじゃねえか。いちいち、そんなことで止めていたら前に進まない。躊躇せずにやれ。在庫が残ったら残ったで、その分、会社が儲けりゃいいんだ」

結果、失敗もあっただろうが、ヒット商品も生まれている。

チャレンジさせることと、学ばせること。安部さんの不思議なカリスマ性が、その二つを両立させているような気がする。

コラム❹

気負わず、臆せず、あるがまま　全力発揮

株式会社はなまるの現社長である門脇さんが、社長になる際に安部さんからもらったメッセージというのが、

「気負わず、臆せず、あるがまま　全力発揮」

だった。

門脇さんは、はなまるの社長の打診が河村泰貴吉野家ホールディングス社長からあったとき、一度断った。その後、いろいろな考え、思いを巡らせた中で、最終的には打診を受けたものの、何か自分の中でモヤモヤとひっかかっていたという。自己観察をしていくと、思い当たったのが、はなまるというのは創業社長の前田英仁氏、吉野家ホールディングスの河村社長、そして、現アジアヨシノヤインターナショナルの成瀬社長と引き継がれてきた。これまでの三人と自分とを比べて、「俺にできるかな……」というその思いだった。

引き受けたものの、モヤモヤしていたところに、安部さんから声がかかった。

「一緒にメシでも行こう」

そこで門脇さんは安部さんから社長就任の記念品をもらったという。

ランチが終わって開けてみると、名刺入れとともに、付箋がついていた。

そこに直筆で書かれていたのが、

「気負わず、臆せず、あるがまま　全力発揮」

という言葉だった。

「この〝あるがまま〟という言葉に一発で救われたんです。他人と比較していた自分に、〝門脇は門脇でいいんだよ〟と、なんか肩をポンと叩いてもらったような……。非常に救われた言葉でした」

安部さんは、常に、必要なメッセージを必要なときにくれる。

「洞察力というか、人をものすごく観察されている。見ている。だから、ランチに門脇を誘って、今どういう心境かということを考えた上で、書いてくださったのかなというふうに思っています」と門脇さんは言う。

このことを安部さんにうかがうと、

「なんて書いたかは覚えていなかったけど、でも全て空想架空のものじゃなくて、自分の経験の中で、そういう自分への意識というのが、同じシチュエーションに立った彼に役立ったということかな。こういった言葉かけも、経験の蓄積があってこそできるようになったんじゃないかな」

とおっしゃる。

ご自身の経験、そしてもともとミュージシャンだったからこそのメッセージと伝え方、そして、人への思い。そういったものが集結した魔法のようなものが、安部さんの言葉にはあるのかもしれない。

II
組織について

第4章 組織と成長

マストとネバーを明快にする

組織において、特に我々のようなCSのライン組織においては、やはり初動（創成期の組織形成過程）のところでマストとネバーを明快にして徹底すること、これが重要です。

吉野家の初動で言うと、オヤジはとにかくこれを徹底して行いました。

必ずやらなければいけないことの遵守と、決してやってはいけないことの排除をクリアにし、決まりごとは厳しく守らせる。

だから、やらなければならないことを怠った場合、やっちゃいけないことをやった場合のペナルティも非常にはっきりしていました。たとえば新橋店には大層なネオンがありましたが、夕方にネオンをつけ忘れたらこれはマイナス一万円（タイマー等がなかった時代、ブランドの訴求浸透の貴重性から）。

他方、たとえば、採用される改善提案や、テストで一番を取るといった褒めるべきところでは、一件賞金一万円。テストはCS経営上用いる専門用語や基礎数値の丸暗記テスト等がありました。これは当時やっているときは解らなかったのですが、今振り返ってみると企業内コミュニケーションで共有言語のない組織はそれだけで欠陥であるとつくづく分かります。

このように信賞必罰が明快に与えられるので、みんな徹底します。

そのマストとネバーで、成果を上げ、できるやつには過剰なくらいに報酬やら昇進といった褒美をどんどん与えるし、できないやつはいつまでも昇給なしとか、人事異動もなしという、今だったら問題になりそうなことではありますが、それを行い、とにかく徹底させることで、強い体質を身に付けました。

同時にそれによって役割ということを本当によく認識するようになりました。

組織の分業システムの中で、自分は何屋で何をする仕事、業務か、その成果は誰に恩恵としてもたらされるのかを意識します。

つまり、常に誰かに奉仕するというか、機能すべき相手がいて、それは店であればお客様だし、本部であれば店に向けてといった、自らの業務をこなすことによって何かしら利便がもたらされる相手がいるということです。

それを一人ではできない規模、量になったら、複数になってチームや部門になる。複数になって部門になると、またそこの中で手分けをして、キミはどこからどこまでの範囲を受け持つというのがルーティンワークで決められ、それを全うするというのが役割として求められるということになります。

こうやって組織が大きくなってきても、初動での決まりごとであるマストとネバーが守られつつ、それぞれの役割をこなすことで機能が果たされます。

そのままそれが伝えられているかどうかはさておき、少なくともオヤジがマストとネバーを明快にし、徹底させることで作られた風土・体質は吉野家の文化として今に生きています。

こだわりの強さが自社愛を醸成するカギ

吉野家について、ここまで自社愛というかロイヤルティが強い会社はあまり見ないとさまざまな方に言っていただきますが、当人たちにそういう認識はありません。

たしかに、私のＤＮＡか分かりませんが、冗長に説明するのが遺伝しているのか、特に牛丼についてを語り出したらみんな延々と、そんなこと誰も聞いていなくても話し続けます。

牛丼への思いやら、作り方やら、果ては盛り方が美しいとかどうとか、ほかの人が聞いても分からないような細かいことですが、それぞれにみんな自分流というのがあって、それを延々と語っている。

みんな「自分が一番」と思っている話しぶりで、自分流だと言うけれど、結局言っていることは一緒という……。

また、二五〇円セール（価値の再設計を行うため、下限価格への挑戦として行った二〇〇一年四月の牛丼並盛り二五〇円セールのこと。詳しくは『吉野家　もっと挑戦しろ！　もっと恥をかけ！』廣済堂出版をご覧ください）で破綻したときのことも、「俺はあのとき三〇時間連続勤務した」とか、「いやいや、俺は三六時間だ」、「俺なんか四〇時間だぞ！」とか、もう人類じゃねえだろ、それは！　と思うような滑稽なことをいかにも自慢気に語ります。

なぜこういった自社愛の強い組織ができたのかというと、これはやはりオヤジが非常に特殊に牛丼作りに対して細かい一つずつに「こうでなければいけない、なぜならば……」

ということだわりの上に作り上げた唯一無二のモノということが底流にあります。

私はＪＦでの仕事も三〇年近くやっていましたが、残念ながら多くの会社は突き詰めた根拠を作らないまま成長が先行したために、大切な価値の要素や組織ワークの〝突き詰め〟がないままにきているように見えます。

一方、吉野家では、マストとネバーで定められた約束事があり、これが急所という優先順位の概念がいくつかあったりします。しかもそれが極限的な速さで提供できるように、個々人の動きとチームフォーメーションまで全てが整合性をもって組み立てられているという一種独特なものがあります。

そういった習慣性の当たり前感が、何かを会得したり、実行することによって心地よさになり、さらには〝うちはほかと違うんだ〟という誇りをも醸成したりするのでしょう。

また、その点をお客様も評価して信頼してくださるとなると、自分の誇りとお客様の評価の両建てでさらなるオリジナリティが醸成され、吉野家ウェイというか吉野家流となる。そういったことが自社愛の構成要素となっているのではないかと思います。

オヤジが作ってきた商品へのこだわりや組織ワークの特殊性が、認識できなかったり、その大事さが解らなかったりで辞めていった人も多いのは確かです。

でも、残った人たちがいい会社だなと思ったり、居心地がよかったり、ほかにはないと誇りに思うところは、やはり、すごく大事なことだし大切にしたい。そのエッセンスはまんま一二〇年が二〇〇年にと吉野家が持ち続けていくべきものだと思います。

理念がさらに自社への誇りを強化する

加えて、理念的なこともきちんと実践しており、それが共感できると思うものであることも重要です。

もちろん社会的に認められる、喜ばれる仕事であり、反社会的なことには手を出さないというのは当たり前です。

その上で、儲かるとか儲からないとかの損得よりも、価値あることをやっているとか役に立っているとかのフィロソフィーやら理念的なことを大事にする、優先する集団でなければ、誇りは醸成されないでしょう。

これは当たり前かもしれませんが、ふだん社員や部下に理念で言っていることと、何かが生じたときに矛盾すること、言行不一致があれば、一気に信頼は失われるし、誇りなんて持てるはずがありません。

小さな積み重ねであっても、理念的なことを実践し続けていることで醸成される誇りを、社員はもとより吉野家で働いているパートやアルバイトのみなさんにも感じていただけているのではないかと、そこだけは自負できるところです。

直接、言葉で教えを聞いているのではなくても、うちは社会悪なことは決してしない、何が世の中に役立つか、貢献するかということを軸にその手段としてビジネスをしているということが、実感として持っていただけて、それが日常の出来事と整合性を持っているという実感があるのだと思います。

そのことが会社や帰属する事業への共感となり、ほかとは違うという誇りと相まって、聞かれると語りたくなる。咀嚼しているから、自分の言葉で説明できる、ストーリーとして延々と語るようになり、結果として自社愛が強いと聞いた方には感じられるのでしょう。

不平不満は然るべき時と人を選んで言え

組織ワークということで言えば、然るべき相手に然るべき事を、然るべき時に言っていることが非常に重要です。

反対に言うと、組織を破壊するのは、然るべきじゃない相手と、然るべきじゃない時と場で、然るべきじゃない話をすることです。

だから上司は常に一人で、報告は常に一人の上司にするというようなことで、オヤジはそれも徹底していました。

また、増岡先生も、問題が起きたときは現場ではなく、その上司に伝え、改善されるまで厳しく注視をしていました。

然るべき時に、然るべき事を然るべき相手に言うとは、つまり、「いい子になるな」ということでしょう。

組織で人が機能するためには、下には厳しく言い、上には苦言を呈するような、嫌な役回りが必要です。公では自分の意見は言わず「俺もそう思う」と同意ばかりして、赤提灯の下で文句を言ってばかりというのでは、組織ではまったく機能していないのと同じです。

上司に問題提起をしたり、きちんと自分の意見を持って議論をする。

部下に物申さなければならないときにははっきりとその場で物を申す。

それが組織の一員として機能、役割を果たしているということでもあるのです。

したがって、最も忌み嫌うことは、「面従腹背」です。これは発見と同時に除去しなければならない、癌細胞です。

一〇〇人で一〇〇のエネルギーを出せる組織

だいたい、会社とか上司のやることに対しては悪口のほうが多いのが普通でしょう。単なる悪口や愚痴も建設的ではありませんが、それと同時に、決定したことに対して「自分はそう思わないからやらない」というのでは組織の硬直・閉塞で、そういった組織では前に進みません。

本来、社員が一〇〇人いればその組織のエネルギーの総量は一〇〇人分あるはずです。でも、実際には、八割発揮できていればいいほうで、五割にも満たない組織が多いのではないでしょうか。

それではその組織が持っている本来のエネルギーを半分も発揮できないことになってしまう。

組織運用は持っているエネルギーをいかに歩留まり高く同じベクトルに向かわせることができるかということで、リーダーの仕事はまさにそれです。

それにはどうすればよいか。

まず、ある時期、マストとネバーを誰も見ていなくてもやりとおすという習慣性を徹底的に身に付けることが第一です。

次に、いいことはいい、悪いことは悪い、分からないことは分からないこととしてちゃんとコミュニケーションを取り、自分の中で意見を持つ。

見解が違うことには意見をきちんと言い、是々非々で議論を行う。その中で、腑に落ちる理解ができればよく、場合によっては最後まで共有できないこともありますが、とにかく結論が出るまで議論をする。

その上で、期限がきたら決定者が然るべき決定を下し、後は実行へ全力を発揮する。

その点では吉野家はそもそもオヤジが作り上げたマストとネバーを徹底するということに加え、増岡先生に叩き込まれた数多くの選択肢を提示し遠慮のない議論を戦わせ、その中から最善を選択するという、組織文化があります。そのため、是々非々で議論はするけれども、決まったことにはみんな整然と向かっていくという風土ができました。

だから、BSEのときも、商品が次々と変わっても、変化を変化として受け止めて、能動的にその変化に向かっていくということができたのです。

これは大勢の集団エネルギーが有効に発揮できるということで、非常にありがたい強い組織です。

組織変化の起こし方

場合によっては決定したことがごく一部にしか共有・理解が得られなくて、なんとかそれを翻して変化を起こしたいということがあるでしょう。

再建なんかは特にそうで、大部分が負の感情で、プラスのエネルギーを持っているやつは私の周辺のひと握りしか最初はいませんでした。

それでも、仕事は仕事、目の前のすべき役割を地道にこなしていく。そうすると、少しずつ何かいいことが生まれ、プラスのエネルギーが少しずつですが広がっていきました。

それが三割を超えると、風景と空気が少し違ってきます。非常に内面的なものかもしれないので、神経を研ぎ澄まして鋭敏にしていないと分からないぐらいの空気の、皮膚感覚の違いです。

「ああ、なんか空気が変わった」、「あいつらの目の色、接し方、言動が少し変わった」というもので、これは変化の質量で言うと、定性的な質の部分での変化です。

その連続性がさらに少しずつですが広がっていき、五割を超えてくると今度は残った連中はぼやぼやしていると乗り遅れる置いてかれるということで、一気に流れが変わります。

これはオヤジが言った、局面においては気迫が人を動かしていくということで、最初の数人は気迫で、そのことを熱っぽく言い続ける、やり続ける。すると、その周辺がまあ騙されたと思ってということも含めて動き出す。

すると、だんだんその周辺にその輪が広がって感化されて、その比率が高まるとあるときブレイクスルーして一気に前進する。その後は放っておいても残った連中は遅れまいとして急いで動き出していくということです。

目に見える効果というのは最初は生み出していなくとも、定性的な効果の連続が、定量的な、つまり経済効果を生んでいくということです。

結果として数字になって表れてきます。

そうすると、ますますそのことの有効性をみんな実感して、モチベーションも上がってということで、それまで負のエネルギーだった組織が正のエネルギーを持った組織へと変化を遂げることになります。

これを私自身、再建のときに実感しました。

戦略的に怒る

怒って得られるのは、刹那的自己満足と同時に、相手からの失望と不信です。

ただし、感情的ではなく、戦略的に怒るということはあります。

私は、九州地区本部長の初期のときに、新店の開発活動も一人でやることから、物件の開発部長もやっていました。飛び込みで物件の所有者に直談判で交渉し、落として契約にこぎつけた経験、稀にハードネゴの結果、逃してしまった経験などもありました。

全部自分でハンドリングもし、一番事細かに決定までのところまで行っていたため、社長になってから、特に物件開発会議などではもっと奮起してほしい思いもあって、わざと怒るということをしていました。

そのときには、叱られ役を決めて、そいつに向けて怒るのです。

一番吉野家プロパーの現場主義で動いて、能力のあるやつ。しかも、打たれ強くてへこまないやつに対してです。

〝私は怒っている〟という感情をメッセージすることで、緊張感とギリギリのやり取りをしないと合理的な妥結ポイントは見つからない、合意に至らないということの全体へ向けてのメッセージなのですが、一人、決まった叱られ役に向けて怒ることで、みんなにも感じてもらうようにしていました。

怒りに任せてというよりも、怠惰とか執念の足りなさ、軽々に妥協しようとしているときに、それをやります。

これは、プロ野球で一九六五年から七三年まで九連覇を成し遂げたときのジャイアンツの監督が川上哲治さんという方ですが、川上監督の叱られ役がかの長嶋茂雄さんだったのは有名な逸話で、それを私も学ばせていただきました。

当時のジャイアンツは、王貞治さんと長嶋茂雄さんを擁していた黄金時代でしたが、川上監督は、何かあると王さんではなく長嶋さんを叱られ役として怒っていたそうです。

なぜ長嶋さんかというと、王さんは叱られると実直に受け止めてシリアスになってしまうのに対して、長嶋さんはそのときは落ち込んだり反発もあるかもしれないけれど、一晩経つとケロッと忘れて切り替えが早いということだったそうです。

一方、他のメンバーは「あの長嶋さんがこれだけ叱られている」ということで、自分の身を振り返って奮発するという。

その吉野家プロパーの叱られ役は、打たれ強く、信頼できる仲嶺というチームリーダーでした。だから、私に叱られることによってごまかすとかナーバスになるとかいうことなく、期待に応えてくれました。

仕事ができない部下やナーバスな部下を相手にこれをやると単なる部下いじめになってしまいますが、そうでなければかえって全体の士気高揚にとても役立ちます。

このように奮起させるために意識して怒ったこともあれば、当然頭にきて怒ったこともあります。

それはだいたい話がかみ合わないとき。やらない理由やできなかった言い訳をくどくどと説明し、まったく本論とズレたことを言い出されると、本当は五分で終わる話が、二倍も三倍もかかったりします。すると、だんだん声が大きくなってきて「お前そんなこと言ってんじゃねえんだよ！」と机を叩きながら……。ということもありましたが、意図的に怒るというのは、局面においては本気にさせたり、緊張感を作ったり組織をまとめるのに使い方を間違えなければ有効な劇薬です。

組織の階層を理解する

マズローの五段階欲求説というセオリーがあります（図）。人間の欲求には五つの段階があり、一番下の階層は生きていくための最も基本的な欲求＝生理欲求（食べたい、寝たいなど）、下から二段目の階層は安全に生活したいといったような安全欲求、真ん中の三段目が家族や組織、友人といった集団に所属し、社会の中で役割を持ちたいというような帰属欲求、そして四段目に自分が重要な人間だと社会や人々に認められたいといった承認欲求、最上段になると、自分の能力を最大限発揮して創造的活動をしたいという自身の活動や成長を求めるようになる自己実現欲求があるといったものです。

これは、基本的には下の段の欲求が満たされると、より高次の欲求を満たしたくなるというように、段階的に昇っていくものとされています。

組織にも同じような階層が実はあります。

当然一番低階層にある段階では生存ということが第一で、自己実現の発揮というような欲求

（図）マズローの五段階欲求説

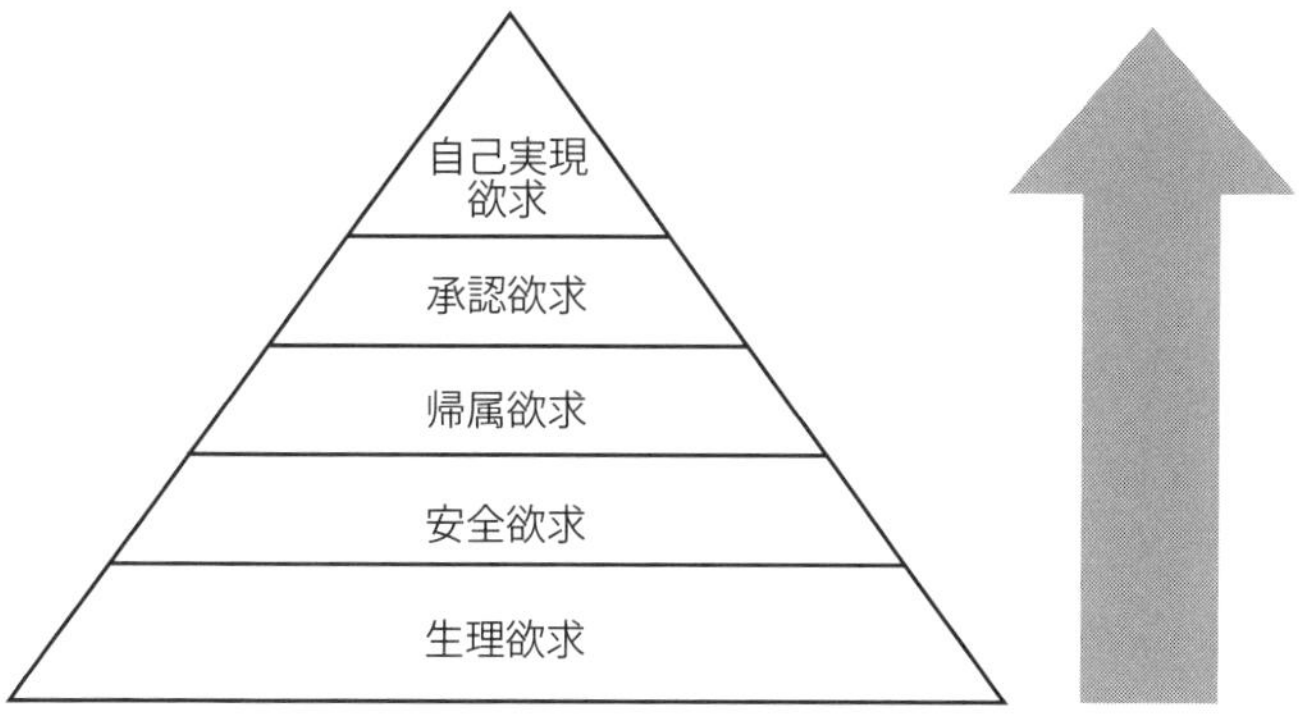

は持ちようがありません。

だから、いくら上層部で理念や何やらが大事と言っても、それが現場のモチベーションにはなかなか繋がらない。

特に最前線からのボトムアップという経験がないオーナー家の経営者や創業経営者には、この下の階層の気持ちが分からないということが時に見受けられます。

まずは、上司に認められたいとか、存在感を実感したいという気持ちが彼らには分からないがために、経営者層と現場とで乖離が起きてしまうのです。

私は最前線のアルバイトから社員、次は店長候補になって店長になってというように、最初は小さい組織ではあったけれど階層で言うと最底辺からスタートしました。

中間管理職の上司がいて、その間でどうやりとりをしながら、どう自分のポジションを作っていくか、オヤジにちゃんと認めてもらって、評価してもらって次のチャンスをつかもうと、そういった思いが邪魔をすることもあったけれども、そういう本能的な感情も持ちながらやってきました。

だから組織が持つ特有のメカニズムも、だんだん立場が上になっていく中でやっと理解できたということなども実感としてあります。

いくら経営陣が理念が大事だからとそれを唱えても、最下段の生存することを何よりも求めている段階や、あるいは会社に不満を持っているようなときには、まず、今横たわっている疑問や不満が解消されなければ単なる絵空事。

もちろん、理念は大事で、伝えてはいかなければいけないのですが、その前に最前線のやつらの疑問や不満をまずは解消しなければいけない。つまり、低位欲求を満たさなければ上位欲求に向かえない（と思ったほうがよい）。

そして、本部の指導するやつもそのことがちゃんとできているかどうかを直に見に行って、現場に触れて、きちんと実態を評価する。

とにかく、今現場が何に悩んでいて、どうすればその疑問が一部解消できたり、不安や不満を少しでも減らすことができたりするのかということを目線を共有して理解し合うこと。そこを分かってくれれば、現場もがんばれるということになるのです。現場・現物・現人という三現主義がどうしても大切です。

必要条件がちゃんと満たされていないと、やはり不安になり、ストレスになる。不安や疑問は放置すると不満へと繋がっていきます。

上司にとって、部下へのコミュニケーションとは疑問を解いてあげること。異なる見解を一つに収斂し、方向を決めてあげることです。

今は、デジタル伝達の時代ですから、文字ベースでは地球上どこにいてもリアルタイムで「論理の共有」はできます。

でも、それだけではやはり不安や不満は解消されないし、理念一つとっても単なる伝達にしかならない。

そこを越えるにはワン・トゥ・ワンのディープディスカッション、アナログなコミュニケーションというものがないと、感情に至るまでの納得、「共感」はできないと思うのです。

そして、共感にまで高められたら、つまり「腑に落ちた」ときに、彼の部下や周辺の人たちへも彼の言葉でそれを伝達し、共有していくことができるのだと思います。組織のベクトルを同じ方向に収斂し、前進していくとは、そういうことだと思います。

評価のモノサシを作る

評価のモノサシはどうやって作るべきか。

実はこれはある程度の規模まではそんなものは必要ありません。

仕事が経営者一人で目の届く範囲、社員も見て把握できる範囲だったら、トップが属人的に全部やったほうが、トップの意思や政策（即ち会社の方針）は解りやすく、伝わりやすい。

うちの事例で言えばオヤジは仕事をやっている・やっていないというのをオヤジ個人の見解で評価し、全然当人らに発表するまでもなく、報酬や人事を通じて表現していました。だから、一切の言葉もコミュニケーションもないけれど、それはそれで強烈なメッセージでした。

ただ、把握できる規模を超えたら、あるいはトップが替わったら、何かモノサシがないと何が大事で何が大事じゃないという優先順位も含めて何を拠り所に役割を果たせばいいのかが分からなくなります。

そういうことで、私が吉野家にモノサシが必要だと思い、作ることになったのは、倒産後です。管財人団は牛丼も外食もチェーンも知らないし、吉野家の人たちとその組織ワークも知らないので、何か活動の拠り所がいると思って、二、三人で、毎月店長を評価するモノサシを作りました。

月次のＰＬを通じての売り上げの伸び率、生産性、それから原価、ロス率、管理可能経費等という数字を通じての推移のものと、店がキレイかちゃんとマネジメントができているかという運営現況、それから勤怠、遅刻欠勤提出物の遅れなど三つのカテゴリーで、毎月評価するというモノサシでした。

そして、それに基づき毎月評価するようにしました。だいたい七店から一〇店ぐらいの括りで店の集団の単位を組織化し、各コースごとに一位から最下位まで毎月評点を出し、部門で上位一〇%はインセンティブとして賞金一万円というように。

インセンティブはそのときはまだ再建の初動でもあったので、コストも大してかからないもので象徴的なものとして決めました。

それまではオヤジが独断で行っていたことを、会社の求めること、上司が部下に期待する優先順位を明らかにし、それを各々がどのくらいやったかという点数にも表して評価をする。自分のことだけじゃなくて、それを見ればほかの人の評価も判るというように公開性の高いものにしました。そのことによって、モチベーションを上げ活動ベクトルを共通にしました。

急成長しているときというのは、放っておいてもモチベーションは上がります。

たとえば、オヤジと一緒のときというのは、倍々で成長しているときで、規模が倍になればポストも比例して増えていきます。二〇店から五〇店になれば、だいたい七、八店に一人、その中間管理職、店長の指導をする地位の人間が必要になるので、店長だったやつは少なくとも再来年はみんなスーパーバイザー、あるいはエリアマネージャーになっていないと員数的にバランスしません。

ということは、近い将来の姿があきらかに見えている状態です。

逆にそのときに、なれていないとしたら、後からきた後輩に先を越されて、後輩の下で俺は店長をやっている、ということになる。

つまり、ヒエラルキーと競争原理によるモチベーションの高揚が発揮され、放っておいてもモチベーションが高くなるのです。

一方、倒産というのは、ただでさえ先が見えないことに加えて、特にうちはオヤジという拠り所をなくしてしまったわけですから、何よりも働く動機を再構築することが先決でした。

モノサシを運用する

客観的なモノサシを作り、その客観的なモノサシに基づいた評価をした上での結果に対するインセンティブを与える。

やったことに対するよい、悪い、中間といった評価が示され、そのことはインセンティブやら人事やらにも跳ね返ってくるわけですが、やったことの実績が一〇〇%ではなくて、スキルに対する期待能力も人事には反映する部分があるので、その両建てだという認識を当事者が持っていないと不公平に思ったりすることがあります。なので、これも客観性がないといけない。

つまり、見る側も見られる側も「仕事」というものへの認識が明解になり、双方の緊張感が高まり、能力の向上やチーム力の向上が養われるのです。

そういうことをひっくるめての一つの体系として評価のモノサシとインセンティブができていないといけないわけですが、体系ができた上で、今度は運用するということがこれも客観的にできないと意味がなくなってきてしまいます。

評価のモノサシも制度も、それ自体を論理的に作ることはわりと簡単にできます。

ただ運用ということになると、これは簡単ではない。

モノサシに基づいての人事評価というのは客観的だけれど、心と運用が伴っていないと有効に機能しない。真剣に相手のことを見て、いい悪いということを真剣に評価しないと、通り一遍に運用するということになってしまいます。

また、作った当初は、評価する側と評価される側と両建てで作るから、その意味合いをみんなよく認識しているし、そこに修正も加えていくため、精度は上がっていきます。

ところがこれを使い続けていくと、評価の仕方もモノサシの用い方も、だんだんと形骸化していく。我々は目標管理制度と言って何らかの課題に目標と期限を定めて上司と部下がコミットするということにしていますが、そこに魂や心が入らなくなると、制度の本質的なよさが活きなくなってしまいます。

私と人事責任者はそういったこともあって、作っては壊し、作っては修正し、またドラスティックな新しいパラダイム転換という改革を行ったり、ショックも与えたりということをやりながら、常に生きた人事評価制度に作り変えてきました。

さらには組織自体も、中央集権で本部、本社に権限を集中するということと、あるときには権限委譲をして、地域や現場のほうに権限を渡し、現場が主体的に活動していくというのを一定のサイクルで交互にやりました。

一回これがいいと思ってやっていても、その途中で弊害とマンネリ化、形骸化というのが必ず起こってくるので、そのときはまたゆり戻しをして、覚醒運動として原点に戻す必要があるのです。

でなければ、本来の意味とか、なぜそうやっているのかということを認識しなくなり、思考停止や硬直化が組織の活力を奪い、退化が始まります。

派閥を作らない

評価のモノサシが形骸化しないように注意することに加え、もう一つ私が心がけたのは、派閥ができないよう、相当客観的に、ことさら意識をして公平人事を行うことでした。開放的で明朗な組織活動や評価人事を行えば、結果的に派閥等は起きようがありません。それは、オヤジ、そして増岡先生のときから連綿と大事にされてきた当たり前の体質でもあります。

「俺に加担すればいい思いをさせてやる」ではなく、「役割を全うして業績に貢献すればいい思いができる」ということです。

吉野家で育んできたことは是々非々の議論をし、その上での決定にはみんなでベクトルを合わせて向かっていくということです。

学閥やら出身、政治、宗教、あらゆる過去、現在のキャリアは無関係にしないと、みんななピュアに今をがんばることや未来に期待し自己啓発することができなくなってしまいます。

評価や人事というのは、やったかやらなかったか、貢献したかしなかったか、勉強しているかしていないか、未来への期待が持てるか持てないかという客観的なモノサシで測ることが肝要です。

店長のときは店員に対して、部長のときは部員に対して、社長のときは幹部に対して、どこでも同じメカニズムです。

特に社長になった後、「吉野家プロパー対セゾン出身」といった負い目になりそうな立場の人たちにしっかり光を当て、なるべく誤解・偏見が出ないようにことさら神経を使いながらやってきました。

あくまで是々非々。よいことはよい、悪いことは悪い。コトの本質で何が合理的で有効か。大事なのはこの一点です。

指導力を発揮するとは

普通ある程度の会社の場合、まず予算があります。予算は金額などの数字ベースで表現されており、会社の予算が部門の予算にブレイクダウンされ、部門の予算が個人にブレイクダウンされて、個人の仕事上の役割と目標が表されていると言えます。

それは会社が意向としていることの全体像の中で負う役割・責任です。

いわば、体操競技で言うところの規定問題。

それとは別に自由問題を部下が自ら設定し、挑戦できるようにしてあげること、これがリーダーが部下にしてあげるべきことです。

まず、ルーティンワークとは別に、今のその部下の持ち場の中で新たな取り組むテーマというのを一緒に考えます。

いっぱいあるでしょうが、最初は不慣れで自分で見つけ出すということはなかなかできない可能性があるので、それをまずは一緒に考えます。

そして、テーマが定まったら達成すべき目標水準はどの程度で、いつまでにやるという期限を設定します。

目標は少々汗水をたらせばいいという程度のことではなくて、もう限界ギリギリのところか限界以上の高い目標水準をあえて据えて、それを達成するための期限というのも可及的速やかに、机上で、理論的にできる最速のスピードでのスケジュールを期限にします。

高い目標をスピーディーにやらないと達成できないというのは、即ちチャレンジで、全力で向かっていかなければなりません。

そういった課題があることで、常に緊張感を持って一生懸命に仕事に取り組むようになります。

みんな新しい仕事や別の部門に異動して新たな業務に就いたときには、その仕事に慣れて習熟するまでの間、緊張感を持って一生懸命取り組むでしょう。

ところができるようになるとそこから日常業務が習慣となり、同じことをやり続けることから怠惰が始まります。

飛行機もテイクオフまではエンジンを使うけれど、水平飛行になったらもうあまりエネルギーはいらなくなります。

同じように、ある程度習熟したら、特別な緊張感やらエネルギーを費やさなくてもできるようになってしまって、次第に退化しだすのです。

すると、朝タイムカードを押して、夕方タイムカードを押すことが仕事というようなことになってしまう。

本当は、常にその仕事は誰かのため何かのために役立っているのか、年月を経るとその内容は変わっていくべきところ、まったくそういうことを考えなくなる。

緊張感がある中、日々活力を持ってやっていくためには、やはりそれぞれ自分の持ち場の中で規定問題という予算のこととは別のその部門固有の、その人固有の課題（イシュー）を新たに見つけ出して据えるということが先決必要です。

もちろん自主的にそれが最初からできれば素晴らしいことですが、なかなか簡単にはそうはいきません。

そのために上司が「お前、足元にあるこれを今テーマにすることが生産的じゃないか」と、あるいは「有効じゃないか」ということを見つけ出して据えてやることが、緊張感を持って仕事に臨むと同時に部下を成長させることにも繋がるのです。

個人のチャレンジ、チームのチャレンジ

新しいことに取り組む、新しいことを作り出すことがチャレンジというふうに思いがちですが、実は足元にあるルーティンワークにおいてもチャレンジする事柄はあります。

それをまず抜き出してやらせてみる。

達成できたときに、そいつは達成感とその過程で成長している自分に気づくことができます。それにより、その部下も物事を成し遂げることに対して前向きに取り組むことができるようになります。

これは個人だけでなく、チームとしても同様です。

私が新橋店の店長になったときの話です。

当時の新橋店は日本一。スタッフは五〇人ぐらいいて、普通一店に一つしかない鍋も四つあり、一日の客数は五〇〇〜六〇〇〇人、一日の売り上げは一八〇万から二〇〇万円で、年商七億ぐらいの規模のマンモス店でした。

ほかの店の店長クラスの社員が私の下に七、八人おり、それまで仕事を与えられて自信がないということはありませんでしたが、さすがに新橋店に配属されたときには「俺には店長は務まらないかもしれない」なんて初めて思うくらいに、まったく別次元の店でした。

まず初めは現況把握に努めて、ルーティンワークを習熟するまでに二ヶ月くらいかかりました。観察していると、年間の消耗備品費が四パーセント、金額にして二〇〇〇〜三〇〇〇万円あることが目につきました。

自分たちの努力で売り上げを上げることは当然として、政策として利益貢献できるとしたら、この膨大な消耗備品費を縮めるというのはどうだろうかと思ったのです。

たとえ一割の削減であっても、二〇〇〜三〇〇万円。月給が七、八万円の時代ですから、小さくはないだろうという思いから、それをテーマにして取り組むことにしました。

備品消耗品の中でも多かったのが、どんぶりと湯のみの破損でした。

そこで、時間別の棚卸しなどをして原因分析をしていくと、犯人が分かっていきました。

一番は、三層シンクで洗っていくのですが、ものすごいスピードで、シンクのヘリギリギリのところをどんぶりや湯のみを移動させることで、チップ（カケる）すること。二番目が、どんぶりを高く積み上げていったときに、時折それが倒れてガシャーンと割れることでした。

そこで、シンクのヘリにはゴムホースを買ってきて半分に切って、カバーをしました。それによってチップはかなり減らすことができました。

また、どんぶりを積むのは五個まで、それ以上は積まないというルールを作りました。とはいえ、忙しいので、みんな乱暴に扱っていることには変わりありません。ただ、丁寧に扱えといっても、丁寧に扱うとは具体的にどういうことか分からないので、「音を立てない」という運動にしました。音を立てないというのは、結果的に丁寧に扱うということになります。

そうして、どんぶりと湯のみの消耗は劇的に減らすことができました。

次に、漂白殺菌剤は、それまで一度使うごとに捨てていたものを、まずは湯のみの茶渋取り、次にはダスターに、最後に床掃除にというように、使いまわすようにしました。

最初に茶渋取りに使うものにはAという札を掛け、次にダスターを漂白殺菌するものにはBという札、最後に床掃除に使うものにはCという札をつけることで、漂白殺菌剤の使用量を半分以下にすることができました。

こういうことができるかな？　というところからスタートし、考えているうちにワクワク楽しくなって、これを習慣づけるのは大変だろうとは思う一方で、でも、その効果が見えてきたらみんなもおもしろみが出てくるだろう、そう思い挑戦していました。

もちろん、全員に浸透させ、実行するのは簡単ではありません。

まずチームみんながそのことの認識を共有しないといけない、言い続けないといけない。素早い動作、日々の行動パターンというのは習慣なので、それを変えるのは簡単ではありません。

物理的な対策としてルールを決め、それを言い続けて習慣性を変え、効果が出てきたら時給を上げるといったインセンティブも策定し、共有しました。

最後には研究論文として、発想と計画と実行と成果までのリポートを提出して、オヤジから賞金もいただけました。

このように、足元のルーティンワークからテーマを見つけイシューにして、目標とステップといったシナリオを作り、チームとして挑戦する。

チームでチャレンジしていくから結果的にチームワークが醸成されて、チームの活力が生まれます。

その過程で、どこにいても必ず挑戦できるテーマは見つけられるんだということが分かったら、次は部下自ら考え、設定させることで、チーム全体の力が上がってくるのです。

いずれにしても最初のチャレンジは上長が部下に教えるべきで、それは部下にとってのチャレンジであると同時に上長にとっても指導力の発揮、活力の職域になり、それは即ち個人の成長とチーム力の向上になっているのです。

ステージを与えることの重要性

パートやアルバイトでも、仕事を続けられるか続けられないかということと、ここにいることの意義とかおもしろみが感じられるかどうかは、まず存在感を実感できるかどうか、もっとありていに言えば居場所があるかどうかです。

吉野家にかかわらず家庭や学校であっても、またどんな立場であっても、自分の居場所があるということの実感がまず必要最低限の条件でしょう。

ここで私は必要とされているという思いが、仕事の意義も見出し、仕事のおもしろみや充実感を感じてもらえるのだと思います。

もう一つ、ここにいて学べるものがある、何か自分がここで得るものがあり、わずかでも成長できそうだということが次への期待になっていく。

崇高な教育論とかそういうものじゃなくても、自分が何かしら一つでも二つでも学べるところ、成長できる場であるかどうか。

この居場所と成長の二つは、立場を超えて、その場に居続ける大切な条件だろうと私は思います。

そのためにも、チャレンジするテーマを常に設定してあげる。

それも、大事なことは、やはり軽々に満足しないこと。だから、目標水準はやっぱり高いところに置いておかないといけない。高い目標にして、そこへ必ず到達するんだというパッションと覚悟があれば、手段や道具や人はついてきて、たいていのことは達成することができます。

目標がないから、今よりちょっとよくするという低い目標の、いわゆる前年比発想が官僚的硬直を生み、衰退に向かってしまいます。

我々の分野で言えば、前年比発想と予算的目標管理の違いがこれです。前年比発想、つまり今までよりよくなったかどうかをバロメーターにするというのはほどほどで終わってしまいます。もっと上に行ける可能性が本当はあるかもしれないのに、それよりも下のところで満足してしまう（もちろん、客観的な自己評価のために、前年同期との比較は重要なモノサシです)。

しかし、やるべきことの表現は、到達目標を数字で表す予算であるべきでしょう。自分がやれる極限的な目標観を据えて、その達成へのロードマップを作り、実行していくことがチャレンジです。それに挑戦し、達成できるというのは、組織内の信頼を獲得し、地位はもちろんのこと、その人生をも豊かにするものだと思うのです。

パート・アルバイトであろうと、社員であろうと、それは一緒です。

加えて、社員であれば、次にステップアップしていくということ。本人もそういうふうに認識して上昇志向や向上意欲があるということであれば、スキル向上へ次のステップに向かわせてあげることが必要でしょう。

いつかは高いステージに上っていくという期待に応えられる組織でありたいものです。

未来へ繋がってほしい組織

組織において役割は明快で、常に役割に仕事がついて、その仕事にはやるべき課題と目標と、それをいつまでにという期限というのが具体的に備わっていることが必要です。

そして、やるべき課題と目標にチャレンジして、成果を挙げて達成しているやつを評価し、そいつには新しい場を作ってあげて、そいつらがまたその原理で部下・若いやつをちゃんとマネジメントしていく、育成していく……。

同時に、理念とか人が仕事で得られる達成感やら充実感を体感させる機会を作ってあげること。それが教えを普遍的にして、共感をもって連綿と繋がっていく。

そういうことが私は一番大事な、継続して未来に繋げていってほしい事柄だと思っています。

これは別の言い方をすれば、人間を大事にするとか愛情を発揮するとかいうことになるのですが、その時々にさまざまなテーマに触れながら学んで、全体像をマスターしなければ理解できないことではあります。

時間と手間がかかるし、いろんなキャリアを経て、いろんな矛盾にも遭遇して、そのときに何が真理かということも本人なりにも学んで会得していった先に見える、何かとても普遍的で崇高なものです。

そういった思いやらフィロソフィーといったところが一番重要で、それ以外はすべて変わっていいと私は思っています。

商品だろうと、商品をハイバリューにするための組み立てや工夫といったものも、姿形あるものは全部変わっていい。

でも、この無形の何か崇高な部分は普遍的に大事なポイントで、それは大切に未来へと繋げていってほしい。

こんなことを言っても、若いうちは詭弁だと聞こえたり、立場としての方便で動機付けを計算しているというふうに解釈しがちですが、やはりそれは単なる言葉ではありません。仕事を通じてそれをぜひ探し出してみてほしいと思います。

コラム❺

チーム安部

〝チーム安部〟と呼ばれる、社長時代の安部さんを支えた側近の幹部がいる。

その中の一人である折田さんは、常に近すぎず離れすぎずというスタンスで、参謀として活躍されていた方だ。

〝柔〟の安部さんに対して〝剛〟の折田さんとでもいう印象で、社長という立場上安部さんがなかなか立ち入れない部分を担ったり、ときには安部さんに決断を迫るといったようなことをされてきた。

安部さんとの仕事で印象に残っている出来事についてうかがうと、

「振り返る暇もなく進んでいかなきゃいけないということの連続で、特にBSEのときなどは、とにかく前に進まなければいけないということばかりで、印象に残るというよりも、もう連続性と探究心。彼のキーワードの言葉って、そういう言葉っていっぱい出てくるんですが、言い換えれば全てがやっぱり、あっ、そうだよな、と思いながら進んでいったということだけです。

会議を急にやるとしたら、『あっ、何があったんだろう、何が言いたいんだろう』と、それればかり考えながら聞いていると、何を求めているかが分かるタイミングがきて、それ以降の細かいことはあまり記憶にないですよね、残念ながら」

という。

そんな折田さんでも、安部さんと一緒に直接仕事をしていた期間というのはあまり長くなく、一九九五年の阪神・淡路大震災のときからだという。

「バイタリティがあって、即断即決して動くというのが安部社長の一つのモットーですから」と、阪神・淡路大震災の直後に、安部さんと折田さんで直接現地へ行き、現状を確認しながら炊き出しをしたり支援していったというのが始まりだ。

その後、大阪にいる折田さんに安部さんから電話が入り
「言い忘れていたけど、今度役員になるから」

と告げられる。

出張に出るところで、時間のなかった折田さんは
「あー、はい、分かりました。じゃ、もう出かけますから。また後で機会があったら」

と電話を切った。

現場のことでアタマがいっぱいだった折田さんは役員になると電話で告げられてもピンとこなかったという。

なんとも不思議な関係に思える。

それから約六年後、折田さんを含めた側近の幹部たちがチーム安部としてあ・うんの呼吸で活躍していく。どれだけ濃く、高い熱量だったか。スピード感で言えば、普通の人が何十年もかけて作り上げていくであろう関係性をたった数年で作ったのだ。

「多分、相当ハードだったんでしょうね。でも、当時はどこもそんなもんだったでしょうから。ですから、申し訳ないですけど、何か心に残ったっていうようなことっていうのはね、思い出せませんでした、私は」

組織を一つにまとめるには、同じベクトルを向きながらも違う角度から見る、違う角度からアプローチをする、そういった存在がいかに重要かということを感じさせるお話だった。

第5章　これからの日本企業へ

事業の承継は人材育成とセットで

日本の企業の多くは、今、後継者で悩んでいることと思います。

私にとって事業の承継と後継者育成、リーダー育成は一体・一連のことでした。リーダー育成の延長に後継者問題を置いていたので、どちらも重要な経営テーマというように思います。

私のケースで言うと、社長に就任した時点で承継して未来に繋げたいと思える固有のバリューというものが吉野家には色濃く存在しているという認識が強かったので、長距離の駅伝ランナーの気持ちでたすきを受け取りました。これを次のランナーに繋ぐんだ、吉野家を未来永続の存在にするんだというような思いが、最初からありました。社長に就任したのは、四二歳と一一ヶ月二週間で、四二歳と声高に言っていましたが、まあほとんどのところ四三歳です。

吉野家に入社してからだいたい二〇年ちょっとで社長になり、そこから二三年、六五歳（実際には、六四歳と一一ヶ月二週間）まで社長として経営させていただいたことになります。

吉野家というのは私が社長になる時点で、創業から一〇〇年近くの歴史があり、事実上の創業者である松田瑞穂（オヤジ）が創業の地・築地で作った「早い・うまい」というバリュー、そしてチェーン化に向けて「安い」も加わって、「早い・うまい・安い」となったのですが、そのバリューは本当に類稀なるものでした。

アルバイトから始まって、店長、役員と、ポジションが経営に近いところになっていけばいくほど、このバリューが尋常ではないということをつくづく感じました。

その点については、私も他の社員たちと同じように語り始めたらそれだけで何時間も話してしまうくらいです。

商品としてのバリューに加えて、オヤジの下での急成長時代とその後のチェーン化の推進、さらには倒産後の管財人・増岡先生による再建を経て作り上げられてきた組織風土と体質もまた吉野家の特長として次世代に引き継ぐに値するバリューがあるという確信がありました。

決まるまではしっかりと是々非々の議論を立場を超えてやるけれども、決まったらいち早く軌道に乗せるため、それぞれの役割を一〇〇％全てそこに集中して発揮するという組織力。

振り返ると、ＢＳＥのときの取り組みも、その前後に二回、大きな改革を行いましたが、やはり活きたのは、その組織風土・体質でした。

それがあったからこそ、ＢＳＥでアメリカ産牛肉が入ってこないということになったとき、思い切って牛丼の販売は停止をして、ほかの商品で代替するという選択ができたと言えます。

ＢＳＥ問題で発揮したのは倒産・再建を乗り越えた組織力

若い読者のために、少しＢＳＥ問題というのをご説明すると、ＢＳＥというのは一般的には狂牛病として知られている牛の感染症で、牛肉を通じて人にも感染するという新しい恐い病原体でした。

ただ、そのBSE感染たんぱく質が滞留する部分は、特定危険部位と称されており、牛の体の四ヶ所のみに育種する限定的なものでした。したがって、それ以外の部位の肉を食べても（仮に牛が感染していたとしても）危険はないとされるものでした。よって大騒ぎしたわりに日本でもアメリカでも、実際に人に感染したという例は実質ゼロ件でした（初期のころ、アメリカで数人感染者が発見されましたが、発生元のイギリス滞在中に感染されたもので、米国内での感染はなかった）。

このBSE牛がアメリカで出たのは二〇〇三年の一二月ですが、日本ではその二年前の二〇〇一年九月にBSEが出ていました。

吉野家の牛丼の牛肉はほぼ一〇〇%アメリカ産でしたが、BSEが欧州で発生して広がった一九八〇年代後半から「もしアメリカでBSEが出たらどうするか」というリスクヘッジの調達を目指して、三井物産の最も優れた肉のエキスパート（その後、BSE問題に際して二人で一緒に戦った多賀谷氏）をスカウトし、米産以外のビーフでの牛丼研究プロジェクトを発足し、オージー、南米産等あらゆる可能性を二年半かけて研究、実験しました。

その結果、穀物飼料で育っており、品質がよく、しかも均一のものを大量に出荷できるのはアメリカしかないという結論に至りました。ほかのところの牛肉ではやはり吉野家の味には程遠いといったことが分かったのです。

あの凝り性のオヤジが長い歳月をかけて創り上げた牛丼です。この牛丼を「吉野家の味」として愛してくださっているお客様がいる以上、それを「いつもと違う味の牛丼」という形で出すのは長い目で見たときに吉野家のブランドへの信頼を失ってしまう。

牛丼を販売停止にする今のダメージより、吉野家の牛丼の味を失い、これまでご愛顧いただいたお客様からの信頼を失うという未来のダメージのほうがリスクだと感じました。

それが米国から輸入が停止したときに牛丼を休止した理由です。

それと、吉野家が培ってきたナレッジとこの組織なら、この危機も乗り越えることができる、克服できる、そう思ったのです。

何の傷も負ったこともない組織がいきなりあれに遭遇したら、すくんでたじろいだり、ひるんでしまうでしょう。

オヤジがたった二〇席の築地で年商一億円（＝客数一〇〇〇人／日）を達成した、そのプロセス、過程の一つずつが我々の財産で、そのエッセンスがある。

オヤジが創り上げたシステムやら作業メカニズム、素材の求め方から保管・加工・流通、さらにはキッチンの設備からオペレーションといった財産、そして倒産・再建を乗り越え、価格破壊を乗り越えて二八〇円の牛丼でデフレ王者とされた吉野家という組織ならば、これは挑戦すべきテーマじゃないかとそう思ったのです。

少なくとも私と幹部たちは、それまでの逆境を何度も乗り越えたことがあり、〝どんなことであれ乗り越えられる〟ということが確信としてありました。

BSEというのは自分たちではどうしようもない問題です。それに同じ取り組むなら、後ろ向きで取り組むよりも前向きのモチベーションで取り組んだほうがいいに決まっています。

「だったら、牛丼なしでもやっていけることを証明しよう」

というチャレンジをすることにしたのです。

経験することで、養われ受け継がれていくDNAができる

一店平均一日五〇〇人の客数と五％の利益。これを牛丼抜きでやる。

そのための商品は何か、素材は地球上のどこに求めるのが一番いいか、素材が店に届くまでの保管流通はどういうふうなスタイルが最も合理的で有効か、クオリティもそれをつかさどるコストも負荷も、全てベストウェイを極めていくために、どうアプローチするかということにおいて、それこそ地球規模であらゆる可能性を考えて、組み立てていきます。

もちろん、そういったことは一見、たいへん深遠というか膨大なことで、とても気が遠くなるようなことと思いがちですが、吉野家という組織では既にこれまでもやってきたことです。

「やれること」という実感があるので、そのことにアプローチできる、挑戦できる。そして、〝必ず創り上げる〟という強い信念があれば、さまざまなことを改善試行錯誤しながらでも、いずれ到達するということにも確信を持っていました。

だから、アプローチするということについてはハードワークも含めてあまり苦にはならないことは分かっていました。

ただ、時間がどのくらいかかるか分からないということはありました。

結局二年半、牛丼の販売ができなかったわけですが、止まって半年後には、牛丼なしでも利益がしっかり出るようになっていました。しかし、売り上げ・利益の目標水準には達していなかったので、途中からは目標達成してから牛肉輸入が再開されてほしいくらいの気持ちにはなっており、実に複雑な、微妙な感覚でした。

ですが、そういった挑戦には達成の喜びもあり、そのことに挑戦して、取り組んで、その間にはいろいろと苦労の連続だけれども、行き着いたときにはとても大きな自信になったり、いい思い出になったりして、それもまた組織にとっても個人にとっても大事な財産となりました。

次の世代に受け継いでいってほしいDNAの一つとなったのです。

受け渡すべきものを見極める

オヤジと再建管財人の先生方が創ったこの吉野家という組織を次のリーダーに繋いでいく……。このことの認識はバトンを受け取ったときから非常に明快に持っていました。具体的には何を繋げていくか。

社長になって何をどう変えようか、繋げようかということを考えたときに、たいていはハード面のことばかりが目につくものです。

私も、それこそ無数に出てきてしまいました。

ならば逆に変えてはいけないものは何だろうというふうに考えたときに、かなり限定的に集約されていきました。

諸行無常ですから、システムやそのハードも含めて、今、姿形があるものは、全て生命の限界と同じように間違いなく全部変わっていくということ、それは避けられない宿命です。二、三年という短期で変わるものもあれば、一〇年あるいは三〇年という中期、さらには五〇年から一〇〇年という長期間というように変わり方に違いはあっても、いずれにせよ変わるのです。

人間というのは、本能的に変わるということに対して抵抗感を持ちがちで、現状の延長が一番居心地がいいとする性質があるので、何事も変わるものなのだという前提に立って、〝変えていく〟という能動的なギアに切り替えることが不安から挑戦へ前向きに変われる大事な転換点です。

承継ということで言えば、自社が持っているほかにはない固有のバリュー、長所といった強みをきちんと整理整頓した上で、それを活用して不確定な未来にどう果敢に取り組んでいくかということが出発点だと思います。

だとしたら、未来はマーケットが変わる、道具も変わる、概念も習慣性も変わるという中で、どういうふうに活用すべきかというテーマでそれぞれのシーンでそれぞれの立場でそのことを明快に据えた上で、果敢に取り組んでいくその「チャレンジスピリッツ」、そして苦難を乗り越える精神と力、即ち「克服力」を未来に繋げていきたいと思いました。

結果的に全部無形のもので、それこそ創業の精神（パッション、使命感、試行錯誤）と発展過程で大事にしてきた価値観とか理念、フィロソフィーといったものでした。

それもなるべくシンプルに整理したほうがいいと思い、理念は一行で表現し、創業以来培ってきた我々特有の価値観は六項目に整理し、まとめました。
そうして出来上がったのが、
理念：For the People —すべては人々のために—
吉野家グループが大切にする価値観：①うまい、やすい、はやい、②客数増加、③オリジナリティ、④健全性、⑤人材重視、⑥挑戦と革新
です。

一〇年、一〇億円のリーダー育成への投資

私が社長に就任したときには、既に四〇〇店舗を超えていました。

五〇〇店舗を超えると、キャスト（パート、アルバイト）を除いた正社員だけでも一〇〇〇人を超えるほどの規模になり、キャストは二万人を超える規模になっていますので、方針や政策意図を共有できる分かりやすい経営を意識し、コミュニケーションに努めました。

ただ組織は小さかろうと大きかろうと、そのボスの能力、人格を超えることはできません。だから、ボスの能力が向上し続けないとその組織自体が進化向上できません。

同時に中核のリーダーが育っていかなければ、組織力の向上にもなりません。

人材の育成には、さまざまな新しいセオリーの座学と経験教育によって行い、これはオヤジのやり方を踏襲しました。

経験教育とは、場を提供して、その場を通じてどう本人が学ぶかということで、何か達成したら次の新しいハードなステージを提供して、それができるようになるとまた次の高いステージを提供してというように、できる人材には高速配転をし、次々と場を提供していきました。

特にリーダー育成ということについては、絶えず複数の候補がいる中で、新しい場を提供しながら次のステージの新しい問題意識をもって問題解決の課題を据えるか、未来の新しい政策へのイシューを掲げて、その達成目標はどこに置いて、そのスピーディーな期限を設けたロードマップはどう描くかということを観察していました。

その成果としては、当然成功より失敗のほうが多かったと思いますが、自分自身を振り返ってもはるかに失敗のほうが多く、人間は基本的に失敗する動物だという認識です。

その試行錯誤の中での失敗の数と、それよりも少ないかもしれない成功の数、経験の豊富さが、能力を高めてくれる。そうやって次の時代のリーダーを絞っていくということにしていました。

その意味では、経営者を育成するには一〇年、一〇億円かかると覚悟して臨みましたが、必須かつ有用な投資だったと思っています。

後継者は育てるもの

次世代リーダーへの期待条件としては、①人を大切にしているか、②マネジメントスキルが高いか、③未来創造へのビジョンが描けるか、の三点と考えています。

この三項目を養ってもらうために、さまざまなシーンを提供して、ステップを観察して、出来栄えを評価してということを繰り返しやってきました。

まず、必要条件としては人を大切にするということ。

いくら有能でスキルは高くてもこの点に欠陥があったら、事業を率いていくトップマネジメントにはできないという、最も重要な出発点。それが、人を大切にする魂があるかどうかです。

その前提は、人間という生きものを正しく理解するということです。

お客様は誰か、お客様は我々の何に喜んでいただいて、何に腹を立てられるかというようなこと、つまり我々のマーケットとはどういう性質のものなのか。その志向を正しく理解することが一つです。

それともう一つは従業員という人間はどういう特性を持つかということを正しく理解することです。社員であれパート・アルバイトであれ、この事業体に属する人たちは何に喜んで何に感動して、何にしらけるかということ。

言うこととやることが違うという言行不一致、たとえばふだんは「店はお客様のためにある、事業は社会のためにある」と言いながら、急場のアクシデントに遭遇すると発想と活動の軸は自分の利益優先というようなことはありがちなことですが、そういったことに従業員というのはとても敏感に反応します。

そのことを通して、社長（リーダー）や事業（部門）への信頼や誇りが築けるか崩れるか、分岐点のような気がします。

つまり、日頃何か立派なことを言っていても、とっさのときにどう反応するか、この反応の仕方のパターンというのが企業文化と思うのですが、そういうことに遭遇したときにまずリーダーはどう反応するか。

こういうことに対しては私は非常にセンシティブでした。

社長になって自分の能天気な本質とは違う役割を演じなければいけないということで、窮屈ではありましたが、しっかりと守ってきたつもりです。

社長という機能体、機関として役割を全うするためには、常にある種の窮屈さはありましたが、そこを全うしていかないと、集団が一体となってある目標やら方向にエネルギーを結集して、ベクトルを併せて向かっていこうということになっていきません。

これは事業組織にとってたいへん重要なポイントだろうと思います。一〇〇ある組織の力を一〇〇%出せるかどうか。それにはやはり従業員という人間たちがどういう生きものかということをきちんと理解していないといけない。

人を正しく理解する、そこがリーダーの出発点です。

マネジメントスキルと経営能力は違う

後継者の必要条件の二つ目はマネジメントスキルです。

これは、場が提供されたときにどう成果を出すかということで見ていきます。

リーダーとしてやっていくとなると、成果が出せるという経験と実績をそのステージごとに積み重ねてきた人物でないと、大勢の従業員、大勢のお客様に喜んでいただけて、さらには多くの取引先や株主の期待に応えられません。

第二段階で養うべきマネジメント能力というのは、リーダーシップの発揮で、問題解決能力と改善能力ということがコアになります。

マネジメントスキルは成長過程の中で、さまざまな状況への対応シーンと異なる分野での業務の遂行能力も多様に積み重ねるということが大事です。

部下の育成に対しても、マネジメントがうまくいっていないとチーム力が発揮できないので、ステップごとにそういう視点でも評価していきます。

問題解決能力と改善能力が成果を作るし、スキルというものの重要な要素であるという点はみなさんも比較的分かりやすいところだと思います。

ただ、ここで一つ犯しやすい間違いがあります。

マネジメントスキルと経営能力とは一緒ではないということです。

実は、これについては私自身も多くの反省があります。グループの基幹企業だけでも当時六社あった社長のキャスティングにいろいろ失敗しました。

マネジメント能力が高いということは経営能力も高いと思っていたのですが、やはり少し異なるものでした。

マネジメント能力というのは経営能力との比較で言うと、やはり軸はリスクヘッジです。今ある問題を解決することであったり、今の状況を改善することであったりという実績は現状延長型のマネジメント能力で出すことができます。

しかし、経営というのはリスクテイクをしながら未来を創っていくことです。今はよくても近未来のために、あるいは長期の未来のためには変えないといけないということに対しては、到達すべきシーンもビジュアルに姿形を作り、それをビジョンとして打ち出して共有して進んでいく力が必要です。

さらには長期的なビジョンであるほど、一足飛びにはいかないので、そのためのステップをクリアしていくシナリオをイメージできた上で、ビジョンに向けての着手と踏み込みとその実行、あるいは修正をしていかなければいけません。

それこそが未来を創っていく、つまり経営です。

マネジメントスキルがリスクヘッジであるのに対して、経営はリスクテイクで、ここの違いを見ていなかったのです。

しかも、マネジメント能力が高くて頭がいい人ほど、未来への取り組みへは着手をためらうことが多かったのです。なぜなら未知のところのリスクが見えるから。見えすぎるがために、萎縮して踏み込むことができない。つまりリスクヘッジは得意だけど、リスクテイクができないということが多くありました。

この点で言うと、創業者の多くは、今はない未来に対して夢を描き、（頭脳明晰でマネジメント能力が高い人がリスクがいっぱい見えてしまって踏み込めないことにも）わくわく感を持って踏み込んでいくことができる人たちです。

とはいえ、わくわく感とリスクテイクだけで突き進んだら、間違いなく破綻する。それは、一〇年後に残っている企業というのは数%で、圧倒的多数は潰えているということからも歴然です。

マネジメント能力（リスクヘッジ）を養った上で、覚悟とおもしろみを持ってリスクテイクするということで、それは未来に繋がるし、ビッグビジネスになっていくのだと思います。

リスクテイクする力も養うことができる

リスクテイクする力は先天的なものじゃないのかという意見もありますが、資質としてはあるでしょうけれど、これもやはり訓練で養っていくこともできるものです。

吉野家で言うとまず店長は一店、エリアマネージャーだと七、八店と七、八人の店長、営業部長になると、四〇から五〇店。さらに地域のGM（社長）になると、地域のヒト・モノ・金のマネジメントをやることになります。

その間にだんだんと力が養われると同時に「やはり不確実な未来に踏み込まなきゃいけない」という局面が出てきます。それは事業にとっても自分にとってもです。

だんだん規模も大きくしながら、次は別の分野（業種・業態）のゼネラルマネージングもやってみて、必然的にさまざまな要素も大事だという認識が養われます。

また、同じような問題意識と発想が同じ時期に二、三人に現れるというようなことが不思議とあるのですが、そういったときに着手した者としなかった者とで差が生まれます。着手しないまま、ほかの人に先を越されたりして、後で、「あのとき俺も思っていたけど、着手できなかったな」という反省が出てきたりもします。

そういった失敗と成功を繰り返しながら、後天的にリスクテイクする力が養われていきます。

ただ、頭がよすぎる人はどうしてもそのことの着手よりイノベーションへの不安、おもしろみよりリスクとか失敗のほうが自分の中で勝ってしまって、そこから抜けられないという人もいます。

そうすると、どこかで悟る部分もあって、「俺はその領域には行けない。行くのは俺の体質じゃない」という自分への見極めも人によってはある段階ですることがあります。「ナンバーツーで俺はいい」と。

あるいは、トップをやるとしても規模と分野を限定し、「このほうが居心地がいいし、幸せだ」ということがあったりします。

それはお互いに見極めであり、言い換えれば「覚悟の限界をどこに置くか」ということです。

私自身は、「苦労も多いかもしれないけど、それは仮に失敗したって命をとられるわけじゃない。ならばチャンスがあったらやったほうが自分が後で振り返ったときにいい人生だったと思えるんじゃないか」と考えているのですが……。

特に若いときであればあるほど、やり直しもきくし、背負っているものもそれほど大きくはないでしょう。であるならば与えられた役割であれステージであれ、とにかく挑戦して失敗してほしい。したがって、できるだけ若いうちから役割とステージを適宜与えていったほうがいいと思っています。

とはいえ、何事をするにしても年齢は、関係ありません。マクドナルドの実質上の創業者レイ・クロックも五〇代前半で創業しています。

いくつになっても「もっと挑戦しろ！　もっと恥をかけ！」です。

五〇〇人の利口な人と、五〇人のバカと、五人のクレイジー

①人を大切にしているか、②マネジメントスキルは高いか、③未来創造へのビジョンが描けるか、この三点をステージを用意し、育てながら後継者を見極めてきました。
蛇足かもしれませんが、これに類する「オヤジの言葉」を紹介します。

私が九州地区本部長のころ、オヤジは月に一度九州に出張してきました。その際は私の運転でさまざまなところに案内しながら、二人で濃密な時間を共有できましたから、実に多くのことを教わりました。

「お前なぁ、組織というのは五〇〇人の利口な人たちを五〇人のバカがマネジメントして、五〇人のバカを五人のクレイジーがコントロールする。それが創造的組織の特徴だ」

と言っていました。

つまり、ルーティンワークを間違えないようにスピーディーにやり続け定時管理の中で

過ごす五〇〇人の「利口な人たち」、派生する問題を解決し弛まぬ改善を図り定時管理の枠を超えて仕事に自らを合わせてやっていく五〇人の「バカ」、未来のために現状を破壊して創造していく五人の「常識はずれの連中」で組織はダイナミックに活動していくんだという趣旨の話なのですが、このことを鮮烈に覚えています。

五〇人の中核のリーダーたち、そして五人のトップリーダーたちをうまく育成していくことができれば、創造的組織は続いていくことができるでしょう。

世襲＝悪では決してない

後継者選びということで言えば、外部からの招聘という選択肢も場合によってはあるかもしれません。

プロパーばかりの塊だといびつになったり、見えなくなったり、過去慣習の延長だけで、次の別の視点の発想ができないメカニズムに陥っている可能性もあります。

そういった場合に、外部からきた経営者であれば、客観的で新鮮な体制を作ることができるという利点もあります。

間違った論もその中には混じることもありますが、そういう異分子の目と意見、問題意識がどんどん入ってきたほうがいいこともあるでしょう。

ただ、中小規模のオーナー企業においては、世襲で事業を承継するのがベストウェイだと私は思います。政治家であれ、経営者であれ、世襲は競争がなく不公平だというような世襲悪論はよく耳にしますが、世襲であるから有効という事例もたくさんあります。

幼少のころからお父さん、お母さんの背中を見て、苦労も見て育って、「門前の小僧、習わぬ経を読む」で、その分野のよいことも悪いことも、そのことの何たるかを知って、その上でその分野を自らの意思で選択したとしたら、それが一番いいモデルだと思います。

見合う能力と見識を備えた承継であれば、それはベストウェイですが、ただ、本人が望んでもいないのに親が死んでしまったので仕方なくとか、頼まれたので継いでやったというスタンスだとそれはやはりよろしくない。

プロパーの番頭たちは「あの息子のせいでぐちゃぐちゃにされた」というようなことにもなり、混乱を極めることになります。

二番目にいいのは、やっぱりプロパーから育てること。それも原点から、歴史観を体感しており、体に蓄積しているやつで、次の未来も考えられるというそういう能力もキャラも持っている人がいたら、そういう後継者候補が望ましいでしょう。プロパーからの後継者が二番目。

その次に、経営のエキスパートというかプロの経営者を外部から招聘するというのもよし。

いずれにしても、その事業体にとって一〇年後、三〇年後にどう健全に繋がるか、よりよい未来を創るための機関であるわけですから「For the people」の精神でどうステークホルダーに貢献できるかが最大の選択ポイントです。

親から子へ承継するときの注意点

世襲の場合、注意すべきことがあります。それは、優れた親子での世代交代はハウリングを起こすことがしばしばあるということです。

体験した歴史（時間の蓄積と連続性）が違うのですから、方法論が一緒のわけがありません。それを同じように新しい若いやつに理解しろと言ったって、理屈では分かっても同じになるわけがない。

空気に触れて、切った張ったのやりとりをしてという時代感覚とその蓄積の上で、今があるため、いくら理屈で分かったつもりでも、お互い皮膚感覚で体感しているものが違います。

逆に言うと、永遠の命だったら別ですが、その体感と今から未来への状況設定が違うから、それは新しいやつの視点と問題意識に任せるしかない。初動は間違いも多いけれど、それも経験として見守るだけです。

親のほうはハード優先で古い感覚で新しいシチュエーションに当てはめようとするし、今やっているものを後生大事に続けようとする。

一方、引き継ぐほうは、古いものを軽視し、新しいものこそが全てと自己実現の発揮を焦ってしまう。

それが間違いのもとです。

親子で議論になったら、肉親であるが故に双方感情的になるし、論理ではなく打ち負かすためのメカニズムしかアタマの中にはなくなるので（つまり、理性でなく感情の対立になる）、まったく不毛です。

調整役が必要なのですが、なかなかそうはいかないものです。

しかし、親時代のものも踏襲しつつ、子どもが新しく取り組むスキームやマーケットも開拓していけば未来に繋いでいくことができます。

私もBSEの後には、単品吉野家とメニューミックスの吉野家との二本立てでやっていこうと思っていました。ファサードは単品の吉野家とメニューミックス型とは色柄も変えて、分かるようにして。

実はこのヒントはコミック誌の複数コンセプトにもらいました。

私たちの時代には、最初は『少年マガジン』と『少年サンデー』、少し大人の『ビッグコミック』という週刊コミック誌は三誌だったのが、各々の特徴は残しながら『少年ジャンプ』が出てきて、さらには『月刊マガジン』、『ヤングジャンプ』と、次々と広がっていきました。

同じ系列だけれども何本か並列で、それも読者のターゲットもセグメントして各々を成立させるというスタイルで成功を収めていました。

私もそれをやろうと思っていたのです。

過去にはコカ・コーラが一回オール・オア・ナッシングで、全て「ニュー・コーク」に取り替えたことがありました。そのときは抗議が殺到して、すぐに元の味をコカ・コーラ・クラシックとして再導入。それ以来、「コカ・コーラ・クラシック」、「ニュー・コーク」と、二本立ての併売でということをやるようになりました（ニュー・コークは一九九二年にはコークⅡとして二〇〇二年七月まで販売）。

世代交代にまつわる典型的な失敗事例はある老舗家具会社の事例ではないでしょうか。私はコンサルタントではないので、名指しの失敗事例は差し障りますが、分かりやすい事例なのであえて取り上げることをお許しください。

あれは両建てでの実験トライアルをして、成果を見極めながら、共存させながら、時代に合ったほう、即ち売上利益の多いほうにマジョリティを移してやっていくという選択肢があれば、スムーズな事業承継も経営承継もできたでしょう。

短兵急なオール・オア・ナッシングが間違いだったと思います。親子ともども優秀な方々だっただけに残念なケースでした。

いい番頭でもいたら、きちんと両方を翻訳してあげて、「そんなにリスクはないんだから、どっちもやってみましょう」というようにしていたらよかったのにと思います。

子どものほうも親がやってきたことを否定するのではなく、もともとの伝統は引き継いだ上で、新しいマーケットやらスキームに、新しい提案としてやっていればよかったのでしょうが、肉親は遠慮がなくなるので互いが絶対自分が正しいと主張したらもうどうにも立ち行かなくなります。

どんなコンビでも目的は共有していても、そこに至る手段は異なるに決まっています。そこを論争してどちらも引かなければ論理の戦いから感情の争いに移ります。

最後にもう一度繰り返しになりますが、感情の戦いは不毛です。

親子間の承継では、優れた第三者を立て、うまく両建てで世代交代していく方策をぜひ模索してもらいたいところです。

ライン組織では後継者候補であっても基礎が大事

我々のようなCSのライン組織においては、複数候補者がいても、スタートラインはみんな等しくということにして、その中で等しい課題を出し、最初はオーダーに対しての反応の仕方、達成の仕方を見ます。

初動は決まったことを決まったとおりにやることが大事で、それは言ってみれば、レールの上を正確に素早く目的地点に到着することができるということです。

基礎的な技能の訓練が多いのですが、その技術のベースになるところは本当に日常的な反復の中で養って、その上でだんだんキャリアを重ねていくうちに応用を求められるという立場になったり仕事になったりしていきます。

小売り・流通・外食のCS組織は、いわゆるピラミッド型的な組織体です。店あるいは営業活動をする人があり、その人たちのチームをつかさどるリーダーがいて、規模拡大と同時にリーダーの数が多くなっていくため、基礎的な訓練が本当に大事で、そこができたら応用に行きます。どう時代が変わっても、ライン組織の組織メカニズムとか組織運営とかそこで求められるスキルといった本質はそんなに変わりません。

まったく違う分野で、タレント、スペシャリストのスタッフワークばかりでやる仕事の集団の場合はまた別かもしれません。

プロジェクトチームでアメーバのように組織が作られたり、あるいは外部と有機的に連動しながら次々とハイバリューなものを作り上げていくというような分野がだんだん増えてはいます。

ＩＴの世界などは、昔と違って在学中に立ち上げたり、シリコンバレーの創業などでも、だいたい学生たちで始めたりしていて、物の生産・物流とはまったく異なる分野故に、発想したことに仕組みと装置を創ると需要が無限大に広がるというところはあるでしょう。

そういったところは有機的な連結メカニズムをどう作っていくかが問題ですが、これも人と人との繋がりで生まれてくるものなので、やはり人が大事という点では同じだろうと思います。

ゼッケンは関係ない

外食などはやはり商品というモノと提供するサービスの場としての店があってこそで、そこで活動する人たちが報われるような現場、組織を作ることがとても重要です。

その人たちが気持ちよく、やることに何の疑いもなく向かっていけるという環境・状況のための道具立てであったり、そのための条件を整え、絶えずメンテナンスしていくということがマネジメント層の一つの大きな仕事です。

だから、吉野家では大卒の新入社員であっても、まずは店舗を経験します。ホールディングスでの採用で、人事的にはホールディングスに帰属していても、まず現場で訓練を受けるようにしています。

店の技能スキルということで言えば、アルバイト出身者のほうが技能レベルは当然高いため、評価上も業績評価は初期においては、アルバイト出身者のほうが高くなります。

そういった中で、経験がない大卒の新入社員はかなり精神的にタフでないと、疎外感を持ったり、コンプレックスになったりします。

最初にいい評価を取るまでに時間がかかることもあって、やはり消えたり、つぶれていく人もいるのは事実です。

だからといって、迎合的にやさしく、甘くするのは初動の技術習得にはならないので、そこは割り切って鍛錬させます。新卒者のほうがポテンシャルは高いのですから、自らの未来のために、今、必要な基礎を作るという自覚を持たせる動機付けやコミュニケーションといった上司の関わり方が大切になってきます。

とはいえ、アルバイトから社員になるのが効率がいいのですが、前にも言ったとおり、吉野家では、背負っているゼッケンは一切関係ありません。

それよりも、やったか、やらなかったか、貢献したかしなかったか、未来への期待が持てるか持てないかということで、客観的なモノサシで測って評価し、人事していきます。

そうすることによって、みんなのピュアな自己啓発意欲やがんばりを引き出すことができるようになるのです。

善意の失敗は敗者復活の場を、怠惰の失敗は厳しく

場を与えて育成していくというのは、私自身もオヤジにそうやってもらったからですが、

さまざまな状況の中で、どの立場にいたときも、会社から求められた予算的ないわば規定問題は一〇〇%やり、その上に、自らのオリジナルなチャレンジすべきことはいつも探して取り組んでいました。自分で仕事の中で、見つけられる足元の課題（イシュー）というのを抜き出して、その達成目標水準を定めて、そのスピード感は可及的速やかな達成までの期限を定めてそのことに臨むという、自由問題とでもいうべきものへのチャレンジです。

そのため、人より多くの挑戦をしてきたという自負はあります。

もちろん失敗もたくさんありました。でも、振り返ってその繰り返しの中でムダだったことは一つもなかったと思っています。

したがって、そういった自分自身の経験からも、上司が注意しないといけないのは、善意でやった失敗は大目に見るということだと思っています。

自ら挑んだ善意での失敗は必ず反省と次への発見やヒントがあり血肉になります。また、敗者復活ができるというような体質が創造的活動を育むのですから、チャレンジしたことについては好意で見る。

一方、怠慢・怠惰でやった失敗は厳しく叱る、ペナルティも課す。

そういった区別が必要です。

早めに場を提供して、多少の失敗には目をつぶって、当人が学習して。途中、キャスティングをミスしたりもしましたが、そうやって二〇一一年年末に、次の社長として私より二〇歳以上若い人物に決めました。

そこからさらに二年半かけて、彼を口説き落として、第一線から引退する道筋を作りました。

引き際こそ美意識が出る

人間、いくつまで生きるか分かりません。

それまで優れた功績を残したにもかかわらず、残念ながら、年を取って醜くなる人もいます。晩年にエゴが露出してせっかくの功績を汚してしまう事例は後を絶ちません。

それは私もある意味で恐れとして〝七〇過ぎると間違いが増え醜くなる〟という心配を持っていました。いくらそれまでよかった人でも狂ってくるという年代があるかもしれないという心配で、そうなる前に自らの権力が行使できない立場に六五で引退というふうに自分で定めていました。

なぜ六五歳だったかというと、「どんぴしゃの適正なタイミングというのは神のみぞ知ることで、誰も分からない。どんぴしゃができないとしたら、遅いという間違いか、早いという間違い。だとしたら遅いことより早い間違いのほうがいい」ということで決めました。

また、身の引き際については私の師匠でもある元伊藤忠商事社長であり元中国大使でもいらした丹羽宇一郎さんの教えでもありました。彼からまだ私が五〇代のときに言われたことがあります。

それは、「安部さん、自分の引き際は他人に相談してはいけない。一人で独力で判断すべきことです。相談すると、大抵の人は〝まだまだやれるよ〟と言ってくれます。そう聞いて続けるのは、続けたいから聞いているようなもの。引く決断は一人静かに考え、決めたらなんと引き止められようと断固実行」と。

ということで、わりと早い時期から六五歳で引退をしようと思っていて、それを公言していました。自分に言い聞かせるのと同時に、それによってタガをはめるという感じです。同じ年で元すかいらーくの社長をやっていた伊東康孝という口の悪い（！）親友がいますが、「どうせ、あんなの言っているだけだろ。そんなご大層なこと言って、きっとその年になったら理屈こねてるよ」なんて冷やかされていました。

だから、なおさら「このやろー、見てろ」と。

二〇一四年に六五歳で一線から引いたら、今度はそいつら「いやいやいや、どうせ一〜二年したら戻ってくんじゃねえの」なんて冷やかしていましたが(笑)。

そんな私の引退ですが、最近は往生際がいいというように言ってくれています。往生際というのは仏教用語で自らの臨終に際しての態度だそうで、私は存じ上げない高名な方が私のことを「往生際がいい」と言ってくださったそうです。

とはいえ、最初からそんな心構えが本当にできていたかというと、そんなことはないわけで、若いときほどギラギラしたものとか野心や欲得が支配していたことは当然あるわけです。しかし、そういうものを発揮したことの後ろめたさや後悔もあったりします。だから、次のときにはそういうものは発揮しないようにと学習したり、年齢を重ねながらそういうことを捨てていきました。

逆に言うと、失敗や反省が自らをステージアップしていく点でそのことの肯定もしているんです。「若いのにそんなに悟りきったということは無理だろうな」と。

ただ、体験を重ねる中で、何をよしとし何をよしとしないかという取捨選択は必ずしていかなければなりません。

そのときに、思想やら哲学やら志やらというものを軸にしているか、やっぱりなんだかんだ言いながら損得と欲望ということに支配されているかという違いが出てきて、最後はエゴイズムの発揮は恥ずかしいこととして自らの軸を形成できたことはありがたいことだったと述懐しています。

余計な見栄や欲得をつまらないことという美意識で、次の段階はなるべく自分が美しい（私流に言えば「カッコイイ」）と思うものに沿って貫けたことは、やはり優れた先人の方々の潔い生き様に直に触れることができたおかげです。

物質欲とか金銭欲なんていうのももちろんあるとしても、そんなことには代えられない大事なもの、美しいものと二者択一するときにどっちを採ったかということでは自分で満足できる行為だったと思うし、その連続性のおかげでいい人生を送れている。いいたすきのリレーができたのではないかと思っています。

コラム❻ 人徳

ＢＳＥ問題の際、安部さんとともにその解決にあたった多賀谷さんは、大手商社で肉の専門家として活躍し、その後吉野家に入社した。

入社したその年に日本でＢＳＥが発生し、「アメリカでＢＳＥが出たらどうするか。世界中の肉を調べてくれ」と安部さんから直々の命を受けて、世界中の牛肉を調べてまわった。

その結果は本文一五七ページにもあるとおりで、吉野家の牛丼はアメリカ産以外では提供することが難しく、もし、アメリカでBSEが出たら、吉野家は牛丼販売を中止することを安部さんは決める。

実際、二〇〇三年の一二月にアメリカでBSEが出ると安部さんは

「みんなは牛丼を忘れろ。牛丼の解禁については、俺と多賀谷の二人でやる。ほかは一切関わらなくていい」

と言って、そこからBSE関係は、安部さんと多賀谷さんの二人であたることになった。

多賀谷さんに、安部さんはどんな方かうかがうと、

「安部さんと一〇年近く仕事をさせてもらって、あの人のことを悪く言う人はいないですよね。政治家も役人もメディアの方も悪く言う人いないですよ」

と即答される。

「俺についてこい」というようなリーダー的なニュアンスはないものの、気がついたらついていっている、そんな感じだという。

「それが安部さんのよさであり、人徳だと思います」

BSE問題のときには、さまざまなところとの交渉や説明などたいへんな場面も数多くあった。

メディアなどは一方的にただ「BSEは危ない」と不安を煽るばかり。それに対して、安部さんと多賀谷さんはエビデンスをつけた抗議文を出したり、場合によっては直接抗議に向かった。

ある番組のプロデューサーには安部さんが直々に説明をした。

「吉野家さんの言っていることは正しいのでしょう。ただテレビでは、一分、三〇秒、一五秒といった中で伝えなければいけない。吉野家さんのことを説明するにはだいぶ時間がかかります。よってテレビではなかなかそれを正確に伝えられない。だから、今後この問題は一切言うな、触るなって言うことはできますからそうさせます」と言って帰っていったそうだ。

また中には、イデオロギーの問題で、まるっきりBSEさえ関係なく、「アメリカ産の牛肉を使うことがよくない」というようなことを言うところまであった。

「抗議であっても安部さんは怒らないんです。懇切丁寧に説明をする。ただ、さすがにイデオロギーの問題のときには、言ってもしょうがない。帰ろうと言って、帰ってきてしまいました」

と言う。

怒ることがない。

でも、「牛丼は売らない、売らないよ」という結論はパッと出して貫き通す。

そこには、人に転嫁しない、言い訳も言わない。要するに全部自分が責任を持つというすごさを感じたという。

「だから、非常に居心地がいいって言ったらね、それは、こういう言い方が当たってるかどうか分からないけども、やさしさじゃなくてスーッと入れる〝何か〟があるんですよね、安部さんには」

これが人徳というものかもしれない。

コラム❼

立場や年齢を超えて心友となれる

BSE問題に絡んで、もう一人安部さんと深い絆を築いた人がいる。

当時、アメリカ大使館で日米政府の窓口になった福田さんだ。

福田さんは安部さんの三つの言葉が非常に印象に残っているという。

一つ目は、二〇〇六年一月二〇日のこと。

BSE発生で二〇〇三年一二月禁輸になっていた米国産牛肉がいよいよ輸入再開となったのもつかの間、BSE対策として除去が義務付けられていたはずの脊柱がアメリカの牛肉処理業者のミスで混入し、再度輸入禁止となったときの安部さんの言葉。

「アタマきたーっ!!!」

というもの。

「それまで、どんなに複雑な場面であっても、決して柔和な姿勢を崩さなかった安部さんに、こんな言葉を言わせてしまったと。そのことで、もう一度気持ちが奮い立ちました」

表現するのにこれしか言葉がなかったという、そのひと言は吉野家のみならず関係する多くの人に影響を与えた。

そして二つ目は、二〇一三年にBSE問題がほぼ片がついた翌年の二〇一四年。福田さんは、「アメリカ大使館での仕事はこれでやりきった」と感じ、次の世界へと向かうことを決意する。

そのことを安部さんに相談に行った。

「仕事がおもしろいのは五〇歳から！」

と言葉をかけてくれ

「若いころに量をこなすことで得られる能力、見える世界がある。そして、三〇代は四〇代のために、四〇代は五〇代のためにと経験と人脈を蓄積し、ようやく五〇代になるとできることがあると背中を押してもらえました」

最後三つ目は、二〇一四年から新天地でがんばってきた福田さんが、二〇一七年に大きな壁にぶつかった。悩む福田さんに安部さんは

「小さな壁は愚痴を生む、大きな壁は知恵を生む」

そう言って支えてくれたという。

そんな安部さんについて、福田さんは

「強烈なオーラや威圧感で引きつけられるのではなく、とにかく一緒にいたい人。常にポジティブな言葉と〝気〟をもらう。年は一回り離れているが、本当の友人。心をさらけ出せる相手です」

と言う。

やさしさと厳格さをバランスよく併せ持ち、「ソロで歌うときは聴き惚れるボーカルを披露するが、デュエットのときは相手に譲り、ハモる役割が好き」という安部さんと今でも時折語り合うという。

立場が違うからこそ見える相手の素晴らしさ、立場が違っても解り合える素敵さ。福田さんと安部さんは、まさに心友だと感じられた。

第6章　コロナ禍の外食経営者へ

最悪の想定で備える

第1章では個人の生き方において述べさせていただきましたが、ここでは会社あるいは組織として、今回のコロナ禍をどう乗り越えるかということについてお話ししたいと思います。

基本的に、スタンスとしては同じで、今回のような出来事においては、会社あるいは組織としてどこまで落ちて、コロナ禍がどこまで続くかということでは最悪の想定をして、最悪の状態が続いても生き延びるための条件は何かということを用意しておかなければいけません。

我々の力が及ばない事態に対しては悲観的に考え、この事態も最悪の想定で、考えられるかぎり長期化した場合に備える。楽観は希望的観測であり、百害あって一利なしです。経営的に言えば、低下した粗利高にバランスするコストの総額を置いてみる。それにアジャストするためには、それぞれの費用科目を仮説で置いた上で、そこを一つの目標として各科目の低減手段を講じる。それらを集合させたものが目標コスト実現へのロードマップとなります。

その中で、たとえば人件費削減などはいきなりレイオフ（解雇や雇い止め）等の措置にいきがちですが、それは最終最後の手段。レイオフしなくとも人件費の圧縮手段はいくらでもあります。

たとえば間接部門の（不要不急の）仕事は休止して、全員現場に送り生産活動に集中する。あるいはワークシェアして一時的に報酬を圧縮する。今社内のワークシェアを超えた他社とのシェアリングも進んでいます。個人個人にとっての報酬は、粗利高の配分原資の中からのバランスになるので、減るという覚悟をまずは全員が共有しなければいけません。もちろん、上位職ほどカット率は高くなければなりません。

減るという覚悟に際しては、会社も実損になったり、資産を取り崩していかなければいけない状況にあるということをみんなと情報共有した上で理解していただいておくことが必要です。

利益が出たときに配分する原資の公式もあらかじめ決めてある必要がありますが、イザというときの安全性を担保するための資本に蓄積する部分や再生産のための投資と、フローで配分する株主配当や利益処分等の配分比率を大まかにでも利益の配分はこういうふうな比率を公平観とするといった指標を事前に策定しておきます。

思想としても本来は明らかにしておくべきものと私は宣言していました。

それもみっちり議論をして、この分配の方式が有効で我々の公平観と考えるがいかが？ということを事前に行っておきます。

同様に、経営の優先順位はまずお客様があって、二番目に従業員があって、三番目に取引先があって……、というように経営の意思として立場の優先順位ということを明確にしておきます。

そうすると、迷ったときに何を優先して判断するかの基準にもなります。その意味では、今回のコロナ禍の中での国の政治・行政のあり方としては腹立たしい思いをした多くの国民がいたと思います。

政府・行政とは、さまざまな立場の利害調整を図り、現在と未来へ向けての優先順位を明らかにして、その根拠を示し（説明し）傾斜配分を堂々と実行していくことではないかと思います。

今回のコロナ禍の中、最優先は「生き延びるために」、まずは守ることで、中でも医療機関への財政支援策は最優先に予算を注ぎ、次に民間事業継続のための支援等が優先すべき予算の配分であるところを、アフターコロナのプロモーショナルな予算を先行する等という愚挙は国民のための政治・行政には程遠い、保身を露呈しました。この点、国民はもっと怒らなければならないですね。

（この項、六月〜七月ごろの執筆だったが、昨日「菅新総理」が誕生し、前向きな改革への気運を感じる……この「気」というモノが局面転換には重要である。新政権には大いに期待したい。二〇二〇年九月一五日現在）

陥りがちな懸念「悲観論と楽観論」と「対応と適応」

状況の想定は悲観的に、自らの想いは楽観的に、この点も個人であれ、企業、組織であれ同じです。

我々の意のままにならないこと（手の及ばないこと）に対しては悲観的に状況を想定し、

長期化を覚悟して備え、克服に臨む一方、自らの意思で想い描く未来は楽観的に挑戦的にビジョンを策定します。

普通、放っておくと逆になりがちです。

苦しい状態のときは、ラクになりたい願望から希望的観測に陥りがちで、目の前の現実から逃避し、思考停止が対応を遅らせ、ついには破綻を来してしまうということが間々あります。

その上で、明らかに全ての基盤が変わる、一〇〇年に一度（あるいはそれ以上）の地殻変動ですから、あらゆるマターを転換しなければなりません。

しかし、全ての分野で全ての識者がそう言い続けていることの弊害も懸念します。リーダー（経営者）が「変わらなければならない」という追い込まれ感からの強迫観念で変えることは、ろくな結果を生みません。分別をどうつけるかが問われる重要な局面です。

「対応と適応」、「オフェンスとディフェンス」に纏わる私の経営概念を披露しますと、我々のような外食の分野で言えば、「接客サービス」等は典型的な「対応」。自らの作業手順とは無関係に顧客の動向にただちに反応することが求められます。

一方、「適応」とは「環境の変化を感じ取り、自らの意思で現在と未来とに変わっていくべき姿を選んでいく」という主体的なもので、たとえば商品開発や価格設定等のシーンで、マーケットの動向（顧客の嗜好）を読みながら、自らの選択と意思で未来を創っていく。

コロナ禍の現況で言うと、生き延びるためのディフェンシブな措置は現実と近未来の状況に短期的にスピーディーに即応していく対応、もっと言うと反射神経が必要です。

その上で、ものによっては時間をかけながら進化の道筋を創っていくことになり、そこには企業文化や魂が色濃く投影された、未来へ向けての適応をしていくことが必要です。

次に（あるいは同時に）トップと少数の周辺は、その中で得られるチャンス、そしてアフターコロナで発生するであろうチャンスに思考を巡らさなければなりません。この時期を先行的に仮説にトライアルし、チャンスを逃さず獲得する機会と捉えるべきでしょう。

チャレンジというのは、今までにない新しい何かを創り出すことともっぱら思いがちですが、コストダウンであっても、目標を決めて、そこに至るシナリオを作って、その達成までの道すがらはチャレンジということになります。

たとえば、マーケットがシュリンクして、全体の市場規模が落ちながら、売り上げが落ちているときに後追いでコストをアジャストしていくと間違いなくモチベーションは下がっていってしまう。

しかし、売上減を見越して、先取りして低いコスト水準を設定し、コストダウンの目標値を設定して、その達成のためにどういうシナリオでいつまでに何をやるかということに向かっていくと、それは立派なチャレンジになります。

だから、コストダウンも意思とプランと目標と計画を持ってみんなで合意形成して向かっていくようにして、モチベーションを落とさない。

達成感のある取り組みとするということがないまま、ジリ貧になって売り上げにアジャストしてその都度コストを減らそうとすると、士気はどんどん下がっていってしまうので、そうではない状態を創出します。

その点は個人であっても、組織であっても同様で、課題というのは常に自らの意思で作ることができます。

まずは、トップがそういったわくわく感を持って、向かうべき道を示すことが必要です。

ピンチをチャンスに変える

今、苦境に陥っている外食は多いでしょう。あきらかに事態は変わっています。

カテゴリー別に何がどう変わっているかを分類して見ていくと、既に立地の優良性はビジネス街から住宅街へ、たとえば東京だと千代田区ビジネス繁華立地から、湾岸エリアの高層新興マンションへのシフト等が起きています。

テレワークの浸透がビジネス街の購買人口を減らし、宅配利用習慣の増加が密集居住地へのマーケットの拡大というような現象を起こしています。ほかにも労働人口の変動がもたらすワークシェアへの取り組み等々、あらゆる分野に直接間接で大変革となって現れています。

また原材料事情もあきらかに変わってきています。生産過剰や在庫過剰のものもあれば、品薄になっているものもあります。コロナ禍だからというものもあれば、そうではなく需給関係が違ってきているものもあります。

ということからすれば、立地も、メニューも今後は違ってくるでしょう。これまでのような急激な変化ではなくても、またたとえコロナが収束したとしてもテレワークは続くことを考えれば、ここにも何か狙ってチャレンジできるものがあるでしょう。

その中で足元と近未来の変化因子をヒト・モノ・カネ・情報とカテゴリー別に取り集め、現象に当てはめながら仮説と検証を繰り返し、近未来と中長期の未来をしっかり見定めて、「では、我が社は（自分は）どこにどう向かっていくのか」を見極めなければなりません。

その意味では、「Change」は「Chance」を生み、「Challenge」した人たちに未来は微笑みます。
この3Cも繰り返された歴史の中で普遍性を持つ原理です。
ピンチは自分を本気にさせてくれます。
ピンチだからこそ、必然的に変わることになります。
であるならば、「自分を信じたモン勝ち」、「未来を信じたモン勝ち」です。
ぜひ、今を乗り越え、より幸せな未来を手にしてください。

コラム
❽

アートとサイエンスの融合

「とても表現するのが難しい方なんですが、私は〝アートとサイエンスが融合〟している、数少ない人というような印象を持っています」

安部さんをそう語ったのは、ロイヤルホールディングス株式会社の菊地会長だ。

ロジックで物事を組み立てるのがサイエンスならば、創造性のあることであったりおもしろみを追求する、外食で言えば新しいメニューを作るというのがアートだ。

たいていサイエンスの要素が強ければアートの素質に弱く、逆にアートが強ければサイエンスが弱いにもかかわらず、安部さんはその両方をバランスよく持っていて、しかも融合しているという。

たとえば、BSE問題のとき。

サイエンスの要素が強い経営者であれば、アメリカ産がダメであればオーストラリア産を使うなどの方法を選択するところを、「アメリカの牛肉が使えない以上、我々は牛丼を出さない」と安部さんはした。

これまで魂で作り上げ、守ってきた吉野家の牛丼の味は守る。そのためには牛丼の販売停止もやむなしという判断は究極のアーティスティックな面である一方で、これまで作り上げてきた吉野家のモデルというのは、ほかのものでも十分代替ができるという計算もその裏ではあり、サイエンスの面もしっかりとそれを支えているという。

そこまで〝吉野家の牛丼〟にこだわるかと思えば、「これからの時代は無形なものは守らなければいけないけど、有形のものは全て変わってもかまわない。だから未来の吉野家は牛丼をやっていないかもしれない」、そんな二律背反なことを言う安部さんを、

「本当にとてつもなく大きくて、承継問題に悩む現代という時代の一つのモデルを無意識に作られたんじゃないかと思います」

また、ＪＦについてのこと。

「業界団体特有の難しいところがあるんですが、安部さんが話すとなぜか話がまとまる。私が会長のときなども、いろいろと調整が必要なことがあると、見えないところで、見えないように安部さんが動いてくださる。また、恩着せがましいところもまったくなく、〝ここは自分が出ないといけないな〟と察知をされるとお願いしなくても、〝じゃあ、これ俺がやっておくよ〟と難しい調整事項もスピーディーにやってくださるんです。裏で支えてくださって本当に感謝しています」

ネゴシエーターであり、ウラの調整役であり、アーティストでもありサイエンティストでもある。現場も知っており、経営も知っている。

「安部さんは全部自分で持っている」

まだまだ、多くの学べることがあるに違いない。

おわりに

天下大変！　いや世界大変である。

この「変」をどう受け止めて、どう臨むかに全ての立場と人が腐心している。

そうした中、二つのことを思う。

1．『ピンチはチャンス！』とあらゆる人々が声高に唱える。
しかし一般にはそれだけでは何のことか？　なぜピンチはチャンスなのか解らないのである。その結果、多くのリーダーは「変わらなければならない！」というある種の強迫観念に駆られて闇雲に変えてしまい、たいていは破綻する。

あるいは解らないが故に、先行事例やメディアの煽る紹介事例にすがり猿真似をする。

これも概ね長続きせず失敗する。

「変化の正体のつかみ方」、「変化を受け止める」、「考える筋道」、「覚悟の決め方」、「実践の仕方」等は普遍的なセオリーであり、技術であり、成功の条件である。

(1)変化の中身を分類し、カテゴライズしてファクトを集める。端的にはヒト・カネ・モノ・情報のそれぞれ構成する重要な変化因子を追跡すると、現実的変化のポイントが浮かび上がる。

(2) それらを分類整理すると何が・どのように・なぜ、変わったかを語りかけてくれる。

(3)その状況把握への突き詰めが現実(今)と近未来へ向けて、マーケット(顧客)に対して、何(商品)をどう(サービス)届けるべきか、自社の欠陥部分とマーケットが求める潜在付加価値が何であるかを教えてくれる。

それが、〝ピンチ〟即ち「変」が生み出す〝チャンス〟なのである。

2. 闇雲に変えてはいけない! という論には注釈が必要。

名のある創業経営者たちはこぞって(例外なく)「全てを変えていく」と宣言し、臨んでいる。

私もよく知る尊敬してやまない方々が異口同音に唱えられており、その言にはまったく同感である（だからあなた方にはできません、と言うつもりは毛頭ない。むしろ、誰でもチャンスはあるという点がメッセージしたいポイントです）。

突出した成功者の共通条件はとてつもない目標水準と超速のスピード感で駆け抜けながらいくつもいくつも困難を越えてきたことである。

成功とはその結果、辿り着いたステージであり、決意と覚悟と執念の産物だ。

それは半端ではない、

・固い決意と
・身を捨てる覚悟（命がけ）と
・絶対に諦めない執念が、

まわりを動かしながら最も合理的な道筋と道具と人々に遭遇させ、難局を突破し、いつかゴールに辿り着く。

しかし圧倒的多数の人たちは残念ながら何度目かの障害物の前に断念する。

一方、成功者たちは、ひるまず何度もデスバレーを越えて目的地に辿り着く。

他の人は立ち尽くし潰えるところを諦めず到達するまで、修正と試行錯誤を重ねながらやり抜くという違いが決定的な成否の分かれ目だ。

成功の本質を極めずに安易な形状模倣が敵うわけがないのだ。

【結論】

・リーダーは覚悟を決めること
・決めるまでとことん考え抜くこと
・挑戦の喜びを見出すこと

それがチームにもよい緊張感とわくわく感を醸成する。
繰り返し繰り返しやり続けるうちに活力と一体感と成長が獲得できるはずです。
きっと今はよい時代です！

（御礼）

本書を著すに当たっては作間由美子女史・飯嶋容子女史お二人の存在なくしては成立しなかった。

特に作間社長とはもう二〇年にわたり、公私にお世話になっているが、昨年企画を持ちかけられたときから背中を押され、時には首輪を引きずられながら、一年がかりとなってしまったが、振り返り、こんなに楽しく充実した創作活動はなかった。

登場された方々にも過分なお言葉をいただきました。心から感謝申し上げます。

そして、企画された桂木栄一編集長にも感謝申し上げます。

【著者紹介】

安部 修仁（あべ しゅうじ）

株式会社 吉野家ホールディングス 会長
1949年福岡県生まれ。1967年福岡県立香椎工業高等学校卒業後、プロのミュージシャンを目指し、上京。バンド活動の傍ら、吉野家のアルバイトとしてキャリアをスタート。1972年吉野家の創業者 松田瑞穂氏に採用され、正社員として吉野家に入社。

1980年に倒産した吉野家の再建を主導し、1992年に42歳の若さで社長に就任。2000年には東京証券取引所第1部に上場を果たす。在職中はBSE問題、牛丼論争と呼ばれる熾烈な競争を社員の先頭に立って戦い抜き、元祖牛丼屋である“吉野家の灯り”を守り続けた。

2014年5月に吉野家ホールディングスの代表取締役を退任し、若い後進に道を譲る。この勇退劇は後継者不足に悩む企業経営者に衝撃を与えた。現在は若い世代に自身の経験を伝えるため、精力的に活動している。

著書に『吉野家 もっと挑戦しろ！　もっと恥をかけ！』（廣済堂出版）、共著に『吉野家で経済入門』（日本経済新聞出版）などがある。

大逆転する仕事術

2020年10月30日　第1刷発行

著　　者	安部修仁
発 行 者	長坂嘉昭
発 行 所	株式会社プレジデント社 〒102-8641　東京都千代田区平河町2-16-1 平河町森タワー13階 http://www.president.co.jp/ 電話：編集（03）3237-3732　販売（03）3237-3731
販　　売	高橋 徹　川井田美景　森田 巌　末吉秀樹　神田泰宏　花坂 稔
編　　集	桂木栄一
編集協力	有限会社メディア・サーカス（作間由美子、飯嶋容子）
装　　丁	竹内雄二
制　　作	関 結香　佐藤隆司

印刷・製本	凸版印刷株式会社

ISBN978-4-8334-2386-1
Printed in Japan